魔法使いが斧を持ち、君がカリスマをもつということ

君だけの思考法をRPGで考える

株式会社ディストノア
代表取締役
山田辰郎

序

このゲームを始める前に

ってていうタイトルにしてみましたけどどうですか？　問いかけてみたものの答えは返ってきませんので本題に入ります。とはいえ、この前置きすら飛ばしたいという方のために、この本にはどんな内容が書かれているか極めて簡単にいうと、

「9という数字にたどり着きたい時にどんな計算式がいいですか？」

という問いに対して、

「10－1が正しいです」

というやり方を教えてくれている本ではなく、

「僕は足し算しかできないので、0＋9の考えです。20にする時は、0＋20です。掛け算が得意な人は3×3や4×5でいいと思います」

というように、「考え方」「思考の経路」を書いてます。つまり、僕の思考の経路を書いているので、それが合わなければマネする必要はないということ。そしてマネできなくても、どうにかして到達が可能ということを記しております（理解した人はこの前置きを飛ばしていいかと……）。

さまざまなゲームにおいて、そのゲームを始める時に事前情報を収集する人、あえてその情報の収集は行わず自分で楽しんでみる人、ちょっとだけヒントを得ようとする人、さまざまな方法でアプローチされるかと思います。

例えば、RPGゲームでいうところの「ドラゴンクエストⅢ」は、ゲームの最初に仲間3人を自由に選ぶことができます。それぞれ特徴のある職業が準備されており、「戦士・魔法使い・武闘家・僧侶・遊び人・盗賊・商人」、この中から「性別」も含め3人を選ぶわけです。同じ職業3人でもOK。

なんとなく職業の特徴はわかるけど、一応情報サイトでどれが一番クリアしやすいか調べよう！という考えも一概に悪いとは思えないですけど、ゲーム（遊び）において人の集めた情報を見て「それが完璧」だと思い、その準備をするのは面白いものなのでしょうか。その思考にいたる動機はおそらく、「ベストを考えることが時間の無駄」なんだと思いますけど、それがベストかどうかの根拠もないし（あるかも）、それをベストと導き出したその発信者の思考を知らないのです。

ちなみに僕が「ドラクエⅢ」をやっていた当時の仲間チョイスは、「戦士・武闘家・僧侶」

でした。インターネットの時代ではないため事前情報もございません。
「斬《き》る！　殴る！　斬る！　回復！　これが最強でしょ！」って思ってたけど、旅の途中で「打撃系が効かない。魔法使いの呪文がよく効くモンスター」に出会ってしまい、そいつに初めて遭遇した時にはブルった記憶があります。

　これ、事前に「こういう仲間がベストですよ」という情報を知っていると、こういうことにもなりませんでしたが、

「俺、『ドラクエIII』やってた時こんなことが……」

　って話のネタにもなるし、その経験を踏まえて、

「だから魔法使いも入れておいたほうがいいのか」

などゲームをやってる自分自身が、「テレテレッテッテッテットゥー♪」とレベルアップするわけであります。

　この「仲間はこれがベストだ！」という情報を事前に効率よく仕入れていたとして、なおかつ「なぜその仲間がよいのか」などの経緯が書いてあったとしても、経験をしていないうえ、イメージができないのでゲームクリア後も、「このメンバーだからうまくクリアできたんだな」という実感なんて持てません。ベストを知りたいなら、時間がかかってでもゲームを3周くらいするべきです。

これを仕事に置き換えて「売上を50％上げるたった一つの方法」とか「90％の人がやっていない簡単な一つ」みたいなセミナーや情報商材にお金を使おうとしてる人、ほぼ実現不可能です。だって経験してないんだもの。もし「どこかで使うことがあるかもしれない」と思って情報を念のためストックしていたとしても、相当集中して「どこがこれを使うに最適か」というタイミングをうかがう能力が必要です。そんなことができる人は、そんな情報もともといらないですね。こういう情報を得ると自分が成長しているようにも感じますし気分はいいのですが、役立てる機会がわからないので、エンドレスにこの「お金で得る情報収集」は続きます。個人的には、お金を使うならヘッドスパにでも行って頭をほぐしてもらうほうが気持ちよく仕事ができると思うんです。

というわけで、個人的にはお金を出せば簡単に手に入れられるもの（情報）は必要なくて、そんな稚拙《ちせつ》な「結論」より「考え方（思考の経路）」を噛《か》み砕いて説明するほうがいいと思いました。そんなわけなので、噛み砕きすぎて、これ以降はＲＰＧと現実世界の２軸で話をしたいと思います。たった一つの小さい話を長々と延ばして書いております。トータル２５０ページ以上ありますが、物事をフランスパンでたとえてみたり、伝説の勇者でたとえてみたりと、上も下も、うな重が入っているお重が如《ごと》く展開しているので、ゲームシーン、または現実シーンのどちらかだけでも、おいしく理解はしていただけるかと。

まだ本は閉じちゃダメ。

[もくじ]

魔法使いが斧を持ち、
君がカリスマをもつということ

装幀・本文デザイン　佐々木博則
装幀写真　著者提供

[0 1]

普通は普通、
普通は普通じゃないという、
二足のわらじで駆け抜ける

Tatsuro's 25 Ways of Thinking

お尻拭《ふ》いた？

僧侶タカシ「ちょっとコウジ死んでくれない？」

――さかのぼること18年前――

勇者タケシが魔王中の魔王（魔王中の魔王じゃないやつは暫定《ざんてい》チャンピオンみたいなもの）、世界の外では「クリア後の裏ボス」と言われているリアズーを、仲間の僧侶レイナと大魔法使いドレミファなんとか（タケシですらフルネームを忘れたかわいいおじさん）たちと倒し、世界には平和が訪れた。

幼い頃からともに過ごし、この旅でも一緒に過ごした僧侶でありニューホテー国の王女レイナとの間には男の子（コウジ）を授かり、平穏な日々を過ごしておりました。

息子であるコウジがまもなく3歳になろうとしているある日、

「一人でウンチする～」

と言い出したので、タケシとレイナは大層喜びながら、

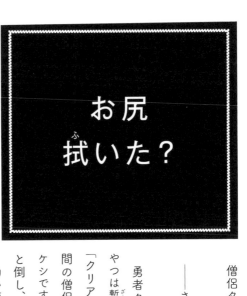

「頑張ってできるかなぁ？」

と子ども用のトイレに送り出しました。ちゃんとできるのか？という心配と、ついに一人でできるようになったか！という気持ちを右往左往させながらトイレが終わるのを待っていると、コウジが嬉しそうにトイレから出てきました。すかさずレイナは、

「ちゃんとできた？」

「うん、できたよ！」

と、コウジは無邪気に笑う。

「お尻拭いた？」

「うん、拭いたよ」

「わぁ！　すごいねぇ！　一人で全部できるようになった！　ねぇパパ、こんなに早く一人でなんでもできるってこの子もパパや私みたいに強い子になれそうだね！」

その時パパは、コウジが一人でできたことにとても喜びを感じており、自分の人生と重ねて、しっかりした子に育つことを強く望む気持ちが湧《わ》いてきた。と同時に、レイナに一言こう言いました。

「『お尻拭いた？』じゃなくて、『お尻の穴拭いた？』じゃない？」

「…………」

4秒黙ったあとレイナは、

「もー、パパは細かいんだから。なんとなくわかるし、通じているからいいじゃないの」

「いやいや、ここをしっかり『お尻の穴』と言っておかないと、お尻全部拭き始めるかもしれないじゃん！　お尻の穴から拭き始めてお尻を拭いたら、そっちにウンチがついちゃうよ！正直者が損するじゃん！」

　と勇者タケシは無表情で語気だけ強く言い、リビングで途中だった「剣《つるぎ》の舞」の練習に戻っていきました。

　ちなみに、勇者という称号は魔王を倒したあとにもらうものなので、称号をもらってからは特に何もしません。

二次元バーコードはお尻拭いた

このタイトルを読んだだけで「そうなんだよ！　私も気になるんだよ！」って思った人は、この項を飛ばしていいと思います。

ビジネスのメールやチャットで多く使われている「お世話になっております。○○の中村です」という挨拶文ですが、状況に応じて適している、適していないというのは当たり前のようにわかっている人も多いと思いますが、先輩のメール文章などをマネして「挨拶文はこれを使えばいいのか」と、言葉の意味をぼんやり見ている人は、どんな相手に対してもこの挨拶文を使います。まずこういった人のことを「量産型」と呼ばせてもらいます。

量産型は読んで字の如く量産されているので、量産されている人同士での会話も多いことから、この挨拶文に違和感を持たず、また、注意を受けることなく社会人として成長しており(成長してるのか?)、間違っていることに気づくことはありません。この点のみでいうと、たかだかこういった部分に気づかないからといって、「何か問題でも?」と言われる場合もありますが、この点だけにおいてはそんなにないかもしれません。

ただ、「こういう部分に気づける人」というのはいろいろな点にも気づける人で、「普通にこういう言葉があるけど正しくないよね？　じゃあ、どう言えばいいのか？」「上司に『君のおかげで成功したよ』って言われたけど、おかげの部分がよくわからない。こういうテンプレな言葉より、僕は部下に具体的に何がよかったか言ってあげよう」「『二次元バーコード（QRコード）をかざしてください』と某航空会社の搭乗口に書いてあったけど、バーじゃなくない？　二次元コードじゃないの？」

という感じで、細かな点に気づくことで今後自分が人と会話をしたり、モノ作りを行っていくうえで、相手の気持ちになって「こう言えば嫌な気持ちにならない」「こういう表現がブランドイメージを損なわない」などの考えが生まれると思っております。

自分はよくツッコむけど、相手の気持ちがわからない場合は、ただの「あげ足取り」と「屁理屈」のフュージョンなので、いったん過去を振り返ってみて、大いなる反省をしてください。

この思考については「思う」ということが大事で、「口に出す」ともらえる経験値がけっこう高いモンスター化しちゃうので、処世術として胸にしまうか、ツイッターでつぶやく程度に

してください。ここまで読めばわかると思いますが、
「二次元バーコード」は「お尻拭いた」とイコールです。

セーブポイント
（本筋とは関係のないひとり言）

エレベーター

エレベーターを降りながら「閉める」ボタンを押してくれるアベレージ※紳士がいます。

７割は閉まってないです。そこんとこヨロ。

※平均

[0 2]

世界を揺るがす仕事を
君がしているなら、
失敗を恐れるのは、あり

Tatsuro's 25 Ways of Thinking

レベル5と レベル1の差

成年に達した伝説の勇者の三男コウジ（長男・次男はこの本には出てこないし、今後も一生出てこない）は、幼い頃から剣術を父に、魔術を母に教えてもらい勉強をしていました。このほかにも国が手配した弓の達人アーチャン仙人に弓道も教えてもらっている。これも父親の勇者タケシの貢献により、国の全力支援があるおかげ。

そしてコウジは、世界に何かが起こったら、自分が駆り出され、世界を脅《おびや》かすモンスターたちを駆逐していくであろうことにうっすら気づいている。

「そんなことは起こりませんように」と、日々平々凡々と過ごしているかのように装っていたが、やはりその時がきてしまいました。

ある日、国の王様リョウキチに呼び出され、

「町の周りや、世界のいたるところで魔物が増え始めた。この町の周りにはまだ弱いモンスターしかいないが、いずれは強い魔物に襲われるかもしれない。今のうちになんとかしてくれ。おそらくこの権化《ごんげ》は、ファザンという者である。こやつを悪の魔王とし討伐せよ！」

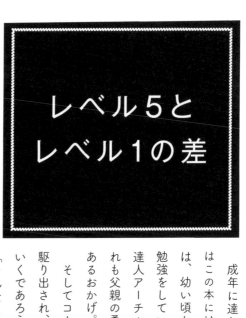

と言われてしまいました。

コウジは考えた。「今まで実戦経験がない」↓「町の周りにいるスライムには勝てそうだけど、たくさん現れたら勝てないかもしれない」↓「そもそも、スライムだけなのか?」↓「僕でなんとかできるなら、町の人も何人か来てくれたらもっと楽かもしれない」↓「これを引き受けたら、今後こういうお願いごとをずっと引き受けないといけないのか」

しかし考えてもキリがないし、答えも出ない。せっかく考えたので、答えがほしいコウジ。でも答えが計算で出るわけがない内容なので一生答えは出ない……。という考えにさせている最大の要因、このゲームのプレイヤーであるタダシの旅は滞《とどこお》る。

さて、このゲームソフトをやっているもう一人のプレイヤー・タツロウは、「とりあえず、町の外に出てみるか。持たせてもらったお金で武器を買って出かけよう」ということで、町の外に出ました。

ただ、遠くに行って力尽きて帰れなくなってしまうのはよくないので、「この町から離れないで散策して、危なくなったら即帰還」ということだけを決めてプレイしました。

町の周りをグルグルグルグルしている中で、モンスターのスライムに遭遇し、「倒す」「傷つけられるが倒す」「町に戻って休む」「また出かける」「レベルアップ」「レベルアップしたので倒しやすくなった」「傷つけられなくなった」「少し遠くへ行ってみる」というところにまで到達した。

　こちら側（タツロウ側）のコウジは、少しずつ成長をとげたことでこう考えます。

「町の人が言っていた少し先の塔にでも行ってみるか……」

　お金も貯まったし、武器と回復アイテムを揃えて塔に向かうのでした。現在、レベル5。

　あちら側（タダシ側）のコウジは、けっきょく王様に、

「現在外にいるスライムくらいだと、僕がやるよりこの国の兵士に出向いてもらって、一気に駆逐したほうが早いと思うので、そのようにしたほうがいいのではないでしょうか」

　と立場関係なしで、意見していた。そんな彼は現在、レベル1。このままだと一生レベル1。

レベル1のX君へ

突然にX君が、上司や会社から、

「このホームページのバナー画像のデザイン、そろそろ君がやってみないか」

「このプロジェクトの担当者は君にお願いするよ」

など、今まで任されたことのない仕事を頼まれた時、どういうリアクションになるのでしょうか？

「あー！　やりますやります！」と即答したと思ったあなたは、このテーマは読まなくてもいいような気もします。この答えが正解でもないですが、僕は基本これもいいという考え方なので……。

さて、X君の考えがなんであれ、この依頼が発生することによって2つの選択肢ができあがります。当たり前ですけど、「やる」か「やらない」かです。

「やらない」を選択する人の理由として、「面倒くさい」「そんなことをやるために仕事してない」などがあるかと思いますが、仕事は好きだけど「今の自分にできるのか？」「初めてだから迷惑かけちゃうかも」という理由で断る人が多いかなと、僕の経験上思います。

大体言われることは、「これはAさんのほうが今の自分よりも適任だから、私がやらないほうがいいと思います」という理由。あたかも「効率よく今を進める発言」をしているようですけれど、ただただ、自分に自信がないから綺麗に断っているだけ。

こういう人の思考の流れとして、「自分は初めて」→「Aさんは初めてじゃない」→「もはや、Aさんは初めての時がないと思っている」→「Aさんにもそんな時があって今がある、という考えにたどり着かない」そして、「今の自分では無理だと思う」→「ただしその根拠はない」→「自分にできるという根拠もない」→「どちらも根拠がない」→「つまり、フィフティフィフティ」→「とりあえず断ろう」となります。

なんじゃそりゃ?と、僕はいつも思います。別にいいんですけれど、それなりにその人の将来を考えて任せてあげたいとこちら側は思ってるんですけどね。

まずAさんにも同じような時期があり、Aさんは「やる」ほうを選んだんですね。どんな人にでも「初めてやる」瞬間があるのは間違いないのに、「自分だけが初めて」と思ってしまったX君は、もう少し他人の人生に興味を持って、目を向けてほしいです。

そしてX君の同僚のY君は、

「今まで画像を作ったりはしていたけど、そこまで数をこなしてないからとりあえず下手《へた》くそでも作ってみるか」

と、X君が断ったために、2番手で依頼を受け、引き受けました。

「下手くそでも作ってみるか」「スライムとはいえ、たくさん倒しておくか」

まずそこから始めて、将来の大きな仕事を担う人物になっていければよいのではないかなと思います。なれなくても、またそれもよし。

「自分ではできないのではないか？」と悩むような君に依頼される仕事は、得てして、そんなに大した仕事じゃない。

気にするな。失敗しても世界は絶対滅びない。勝手に自分のことを勇者だと思うんじゃない。

セーブポイント
（本筋とは関係のないひとり言）

それ意味ある？

まさかあの有名人が逮捕された！

「バカだねぇ。なんでそんなことするかねぇ」とか言っていると、アベレージマンが一言、「でも、あの人頭いいですよ」。

これ、裏を返すと、「あなたより頭がいいと思うし、それをわかっている俺も頭いいし、なんだったら、俺その人のこと好きだったのに、バカにされてるから言ってやったよー」

ということなんでしょうけど、

「頭いいなら捕まらなくない？っていうか、捕まったことに頭のいい悪いの話って、意味ある？」

[0 3]

抜け道に行く人が多くなれば、それは抜け道ではない

Tatsuro's 25 Ways of Thinking

袋の鼠《ねずみ》

世界を救う旅に出ている草勇者のコウジが連れ添っている頼もしい仲間たち。戦士・僧侶・魔法使い、皆それぞれ成長し、ついには職業を変更できるレベルにまで達していた。

戦士のマサヒコは、

「武器の使い方は慣れてきたから、素手《すで》でも勝負できるように武闘家になる」

僧侶のタカシは、

「回復の呪文はある程度わかってきたので、攻撃系の魔法を覚えたい。だから、魔法使いになってみる」

魔法使いのヤスオは、

「なんか流れ的に呪文系になったほうがいい気もするし、格闘を磨いて呪文も使える戦士とかもよさそうだけど、ここはあえて遊び人って感じでいこうかと思う。どう思う?」

と、「そんなみんながびっくりするような発言する俺ってどう?」という顔で尋ねる。

もはや本人の中で答えが決まっているうえに、「おまえって、やっぱり変わってるよねぇ」という返答待ちのヤスオに対して、みんなは本音《ほんね》を言いづらい状況である。

コウジは一応立場上、勇者と呼ばれることになるかもしれないため、ここは勇ましくたしなめようとする。

コウジ「一応パーティ全体のバランスも考えて、職業を変えずそのまま魔法使いを極めるとか、非力な部分を少しでも補うために武闘家や戦士になってみるとかそういう方向で考えてもらえるとありがたいんだけど……」

ヤスオ「それって、誰かが決めたの？　転職できる職業一覧にあるやつから選ぶのは自由なんじゃね？」

コウジ「そうなんだけど、僕たちの目的は悪の魔王ファザンを倒すこと、そして、その強いファザンを倒せる力を身につけること。遊び人じゃあ倒せるイメージが湧かないよ」

ヤスオ「思いがけないタイプの人がいると逆に向こうもびっくりする可能性があるから、絶対、大丈夫。こういう個性的なやつがいるほうが、かく乱できる。やっぱ、こういうのって個性が大事だと思うんだよなー」

コウジ「ヤスオは職業が遊び人じゃないと、個性が出ない人なの？」

ヤスオ「あふ……」

コウジ「伝説の勇者タケシ（コウジのパパ）が言ってたけど、『俺たちの頃の討伐隊は、みんな個性個性って言って遊び人になったけど、結果遊び人が多すぎて、遊び人の集団として見られるようになったんだよなあ。けっきょく、勇者・戦士・魔法使い・僧侶が輝いて英雄扱いなんだよ』って。ヤスオもその方向に行ってるのをわかってて言ってると思うんだけど、ひょっとしてわかってなかった？」

と知らない間にコウジのほうが、最初に息巻いてたヤスオと変わらないドヤ顔をし、パパから教わった「剣の舞」の練習に戻っていった。

マサヒコとタカシは、コウジにいろいろと言われるのが嫌なので転職しなかった。

ヤスオはその後、僧侶に転職した。

自由の下層

社会人ともなりますと、取引先や上司、部下などの結婚式に招待をされることも多くなってきます。当然、親友の結婚式にも。どんな立場の人の結婚式でもいいのですが、時に案内状などに、

「アットホームな場ですので平服（カジュアルな服装）でお越しください」と書かれていることがあります。その場合、一般的には「かしこまりすぎず、派手すぎず」というようなニュアンスで、男性においてはネクタイなども「少し華やかな色を取り入れてもいいかな？」などと考えてもいいかもしれません。ただ、会社関連の人まで招待するような結婚式の場合、招待状に「平服で……」と書かれているようなことはあまりないです。

では、どういうものを着用するか？　時代の流れによってさまざまな見解がありますが、ここは変わってないなというのが男性における「ブラック系スーツに白シャツ、ネクタイは白かシルバー」かと（間違ってたらすみませんが、別にここが話の本筋ではない）。

さて、以上を踏まえまして結婚式ギリギリになりますと、ゲスト同士「ご祝儀、いくら包

む？」とか「二次会も行ったほうがいいよね？」などの会話も鉄板の頂きですが、たまに「白いネクタイ持ってるけど、白じゃなくてもいいよね」とか言ってくる、さわやかなやつがいます。理由を聞いても特になく、「なんか基本を外してる俺、どう？」っていう感じなのか。

どこかの誰かの影響を受けて、「はみ出し者の美学」を纏《まと》い、育てられた環境の中で「個性が大事なんだよ」とか言われて育ってきたのかわからないですけれど、もし本気で思っているなら、「自分が主役の時にしなさい」と言いたい……。そして、そういう考えが増えだすと個性じゃなくなります。

「なんで、白かシルバーなの？」とか疑問に思うな。それがドレスコードというものだ。疑問に思ったとして、自分の結婚式でその基本を打ち破れ。

ゲストが派手な格好をしていることで「主役が際立たない」というのもあるし、古い時代を生きて、今の考えについてこられないご両親やもっと上の年代の人からは、「新郎のゲストはマナーができない人なんだね」と、思われることもあるかもしれない。自分が起こす極めてうすっぺらーい革命で、どれくらいの人に迷惑をかけるかという想像力を養ってほしい。

そしてなぜか「選択は自由！」みたいな人にかぎって、最初の段階でネクタイの色候補から「白とシルバー」を省《はぶ》いている（どっちが縛られとんねん）。

というように、性格上、何かに反発したくなる人も多いと思いますが、それをすることでどこまで影響をおよぼすかということまで想像したほうがいいと思います。その想像ができない人や、思っていたより迷惑をかけてしまった人は、慎ましく生きたほうがいいと思います。生きてるだけで迷惑のかけ合い、助け合いなのに、余計に迷惑かけないでということ。
「いやいや、自分は違う」と思う人は、お葬式に赤のネクタイやら、白のドレスでどうぞ、行ってらっしゃい。

03

抜け道に行く人が多くなれば、それは抜け道ではない

セーブポイント
（本筋とは関係のないひとり言）

歩行者優先

信号も横断歩道もない交差点に車で差しかかり、停止線の前で車を止めようとする。アベレージ歩行者は今来た僕の車の前を横切り、車に見向きもせず、スマホをいじりながら横断。

歩行者側の心理、

「歩行者が優先に決まってるから、車を気にせず歩きまーす。何があっても歩行者優先ですからねー」

って言えるのは、病院のベッドの上なので気をつけて歩いてください。最悪、何も言えない状態になっているかもしれないので。

[0 4]

偉そうという言葉は、
偉くない人のためにあります

Tatsuro's 25 Ways of Thinking

偉そうと気づく未来の勇者

コウジとその仲間たちは、旅の途中マッチーダという村に立ち寄った。その村の周りには魔物がたくさんいて、村人たちは日々、おびえた暮らしをしているようだ。村の中に体の弱そうな女性が立っていたので話しかけて、コウジは自分たちがどのような旅をしているのか説明したところ、その女性が、

「私の名前はアオイ。あなたたちが次の町まで行くには、この先の洞窟の奥にいるモンスターであるシモッスーを倒して、その洞窟を抜けていかないとダメ。シモッスーを倒すと村の周りのモンスターも姿を消すわ。私はあいつを弱らせる魔法を使えるから、連れていって!」

と言った。

コウジは「ぜひ」と言ったが、普段は無口で眉毛が太い戦士マサヒコが、「その体じゃ無理だ。4人で行こう」と言う。

コウジは「じゃあ、アオイさんはシモッスーと戦うまでは馬車の中に隠れて。ほかのモンス

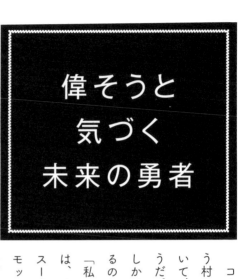

ターと戦っている時は絶対に出てこないでね」という約束でマサヒコを説得し、シモッスー討伐に向かった。

洞窟の途中でさまざまなモンスターと出会い、戦いが繰り広げられる中、アオイの正義感が溢《あふ》れすぎたのか戦闘に参加してしまった！　アオイは体が弱いこともあり、一撃で瀕死状態になってしまった。

僧侶タカシの助けもあり、アオイはシモッスーとの戦いにおいては弱らせる呪文をなんとか唱え、そのおかげで倒すことはできたが、マサヒコの心配どおり、少し足を引っ張った形になってしまった。

とりあえず、村にアオイを帰し、コウジたちは旅に出ることを告げる。アオイはケガをしているが、自分が少しでも役に立てた（勘違い）ことが嬉しいようで、

「私はこんな弱い体ですが、いつか皆様のように魔物を退治し、世界を救う人になります。必ず！　その時はぜひお供に！」

コウジはみんなからは半笑いに見えていたが、本人的にはさわやかな笑顔で、

「アオイさんの未来は明るい。誰にでも無限の可能性があるんだから、これから頑張って修練を積んで強くなって一緒に戦ってください」

と言って村を出た。

村を出てしばらくすると、普段は無口で眉毛が太い戦士マサヒコが、

「なんであんなこと言ったの？　彼女がそれを本気にしてモンスター倒すために頑張って頑張って修行して、村のお手伝いもしなくなって、誰とも結婚しなくて、けっきょく体が弱いままで歳を取ったらどうなんの？　本気でそう思うなら一緒に連れていってあげて、おまえが一生責任負えよ。もしくは、あの村に戻って彼女のそばに一生いてやれよ」

　と、なんだか取引先とチャット慣れしてきたビジネスパーソンが使う、まさに「五月雨《さみだれ》式で申しわけございません」の勢いでコウジを詰め始めた。そしてコウジは気づいた。

（勇者やっちゃってると思ってたからそれっぽいこと言ったけど、そもそもまだ勇者じゃないし、俺）

　コウジは走って村に帰り、現実問題と理想論をしっかりアオイに説明し、改めて村を後にした。

偉そうと気づかない成功者

子どもだった頃、夢を持たせるのが好きだった大人たちから判で押したように言われたこと、

「夢は大きく持ったほうがいい。もし、その夢が叶《かな》わなくてその半分くらいだったとしても、もともとの夢が大きいから、立派な人になっている」

「人には無限の可能性がある。夢は持ち続ければ必ず叶う」

子どもながらに「夢は大きく持て」を、まず理解する。そしてその前提として、叶わない場合が多いというのも、いったん理解する。それを〝夢保険〟と命名する。夢保険とは結果的に無理なんじゃないかということを暗に匂わせているため、例えば「ボクシングで世界チャンピオンに俺はなりたい」と思っている場合、世界チャンピオンを志《こころざし》半《なか》ばで諦《あきら》めないといけないので、「俺はボクシングの宇宙チャンピオンになりたい」くらいに思っておけばよいのかと、少年時代に思いました。

「夢は持ち続ければ必ず叶う」という言葉も大人たちに言われるたびに、「必ず」という言葉

04
偉そうという言葉は、
偉くない人のためにあります

に必ず引っかかっていた。

例えば、「一流ミュージシャンにぜってぇなる」と思ったとして、曲を作り続け、楽器や歌を練習し、売れることを信じて時間を費やしていれば、同じ年代のドリーマーが力尽きてやめていき、「自分たちが残る＝売れる」という意味での、「続ければ叶う」の答えなのかと思っていたけど、実際はそんなことをしている間に、いろんなところで子どもは生まれ成長し、そんなやつらがいっぱい出てくる始末。「けっきょく、多くの才能が必要なんじゃないの？」と、まあまあ早い段階で思ってしまったため、自分の才能を知らずに何もできずに終わった僕。

「夢を持て」とか、「夢は必ず叶うぞ」と語る人っていうのは、それなりに社会で成し遂げているのかと思うけど、それは語られる側にとって「偉い人」なのかどうかで印象が変わりますから、お願いされないかぎり、夢は語らないほうがいいと思います。

自分にとって「偉い」と思う人の言葉は聞き入れてもよいと思いますが、自分で「偉い」と思っている人の言葉は「偉そう」なだけなので聞かなくていいです。つまり、「偉そう」な人は「偉くない」のです。そんな人は、無視です。

偉そうなやつは偉くないこと100％説。

勇者は自分で勇者と名乗らないし、思わないし、思ってはいけない。それは、他人が思うこと。

これからもし、どこかで自称勇者に出会ってしまって「大きな夢と無限の可能性」を無理やり持たされたなら、「やってみますけど、責任取ってくれますか？」と一度聞いてみたらどうでしょう。かなり嫌われると思いますけども。

さてツラツラ書きましたが、夢を否定しているわけではなく、「やれる人はどんな状況でもやる」ということを言いたかったのです。僕なら「やるなら、やればいい。でも、そんなに甘くない」というような内容を言って、本人のやる気に火をつける発言をすると思います。それで意気消沈《いきしょうちん》しちゃう人もいるだろうけれど、そういう人はそんなもんだったということで……。

自分のやりたいことは自分ではっきり決めてしまえば、誰に何を言われようとも揺るがないもんです。その中で、自分の意思で夢保険に加入なされればよいかと。できれば、安めの保険料で。

セーブポイント
（本筋とは関係のないひとり言）

カリスマのありがたいお言葉

「カリスマ経営者が教える〇〇！」は、教えたら損になるので絶対教えてくれません。

「いろいろ教えたら、逆に俺が儲からなくなったよ～」とか言う人は、ちょっと信用してもいいかも。

[0 5]

「やさしい」って言われるやつは、
大体「都合のいいやつ」って、
思ってるやつは、大体モテない

Tatsuro's 25 Ways of Thinking

先頭は俺で、戦闘は俺

滞《とどこお》りなければ勇者になれるであろうコウジは、戦士や武闘家のように格闘でもモンスターを倒せるようになり、防御力が強く剣ではなかなか倒せないモンスターには、呪文を唱えて倒していくなど幅広い戦術が使えるようになっていた。いつしかコウジは心の中でこう思うようになった。

「俺って仲間よりは、ちょっと戦えるやつだよね」

そう。「総合力で上回っているだけ」なのに、「俺よりできる人はいない」と計算の仕方を間違えちゃった系男子になってしまったのです。

そう思い始めた頃から、戦士マサヒコが倒そうとしたモンスターを、

「それ、僕がやっとく〜！」

魔法使いタカヒロ（初登場）が倒そうとしている呪文に弱いモンスターを、

「大丈夫！　やっとくから」

と戦闘を支配し、傷ついた体を僧侶タカシに頼まず自分で回復するという、映画『パラノー

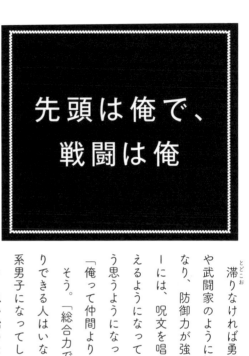

マル・アクティビティ』状態（最小限でやっちゃうという意味。編集者に「意味わからん」と言われたので、注釈入れてみた）になっていた。

これ、ドラクエなどにおけるゲームルールの場合、誰がどのような活躍をしようとパーティ全員の経験値となり、概《おおむ》ね同じようなスピード感でレベルアップしていくのですが、このゲームは活躍の割合で得る経験値が変わってきます。

そう。現在コウジはレベル25、戦士マサヒコはレベル9、魔法使いタカヒロはレベル8、僧侶タカシはレベル10、もう一人の僧侶ヤスオはレベル2という状況なのです。

いいんです。魔王を倒すという目標が達成されるなら。でも、コウジ以外の仲間たちの顔を見てください。だんだんモンスターも強くなってくる中、戦闘になるたびに、

「やだなあ、勝てねぇよ」と、ベジータに初めて会った時のクリリンのような顔になったり、

「コウジがなんとかしてくれるから、大丈夫」と、夕食は奥さんがもちろん作るものと思ってる夫みたいな顔だったり、「俺がやらなくて、いいんでしょ?」と、ハナから献血を「する」「しない」の選択肢すらないやつの顔になったりで、モチベーションが20%くらいです。ちょっと、コウジも考えてやらないといけないですね。

および腰、頼りっぱなしのメンバーなので、もし何かのきっかけでコウジが瀕死状態になってしまったらどうなるのでしょう。本当ならギリギリ倒せそうな相手でも、モチベーションが

あまりにも低いため、

「あー、ダメだ。負けてしまおう。あとで復活できるから」

と自ら打破を試みず、早めにゲームの仕組みに頼ってしまうやつになってしまいます。たぶん一生そういうやつ。

けっきょくその後の旅において、コウジはこの4人のメンバーをしっかり育てないといけないことに気づき、ずいぶん前に行ったモンスターの弱いエリアに戻って、4人を主軸に戦闘を行うことから始めました。

最初からそうしとけよ。

先頭は私、戦闘は君たち

やさしいって、なーに？　その人のつらいって、なーに？

「人にやさしく」「迷惑かけないように」。そう思って人と接するのはとても大事だと思うけど、「その人」にとっての「やさしい」「迷惑」とは何なのか？ということをしっかり考えることも大事なんじゃないの？

A子さんは後輩のX君に資料の作成を頼んだけれども、不慣れなこともあり、ちょっと大変そう。まだまだ時間がかかりそうだけど、私がやったら15分くらいで終わりそうと思って、声をかけます。

A子「いいよ、私がやってあげるよ。しんどいよね」

X「え……！　ありがとうございます。助かります」

これってやさしさですか？　これをやさしくないと思える人は、このテーマは飛ばしていいです。これは通称、「やさしさ付け焼き刃の押し売り。売ったからにはなんかちょうだい。ジュース1本でいいよ作戦」といいます（嘘）。

X君がびっくりするくらいやる気のない後輩で、これ以上成長が望めない後輩であったとしてもやってはいけません。その逆で、未来も明るい、会社の役に立ちたいと思っている、将来有望な後輩ならなおのこと。彼は今後もこれをやらないといけないから、どこかでやらせないといけないのです。

そして、手伝ったA子さんはX君が困っていた場合、この程度以上のものに関しては絶対に手伝ってはいけないと思います。A子さんが資料を作ったあと、「こんな感じで作るのよ」と言っても無意味です。それを見て理解できる人は、ネットなどでヒントを見ただけで理解できるので、もともと自分でやります。

もしどうしてもサポートが必要なら、より細かなヒントを少しずつ出してあげて「自分で考えて作る」というプロセスを踏ませないと、なかなかレベルアップはしません。

これはどちらにとっても損な話で、「後輩が成長しない」→「代わりに自分がガンガンやるので成長する」→「後輩に甘えられる」→「何かを任せようとすると『これはA子さんがやったほうが……』と言われる」→「A子は仕事でいっぱいいっぱいになる」→「A子、しんどい」→「X君は成長しないので、全然給料が上がらない」という悪循環が起きて、自分が蒔《ま》いた種なのに「この会社、しんどい〜」となってしまいます。

後輩に甘えられて「かわいい後輩だなあ。やさしくしてやろう」などと浸っている場合じゃなくて、「私には今無理だから、X君頑張って。好きにやっていいから」と逆に甘える態度であってほしいです。しっかり成長のチャンスをX君にあげて、将来会社にとって役に立つ人を一日も早く作りあげることです。それがX君にとっても、仕事のやりがいと収入アップへとつながるやさしさや思いやりではなかろうかと……。

彼女「痛っ!!」

彼氏「大丈夫？　大丈夫？」

じゃなくて、

彼女「痛っ!!」

彼氏「どこがどう痛い？　見せて」

が本当はやさしいの正解だと思うんですけど、謎に前者の考え方がモテるんですよねー。という性格の問題でモテないと思ってる僕は、顔が不細工だからモテないということに気づいてない。

セーブポイント
（本筋とは関係のないひとり言）

勝者

「人生楽しんだもん勝ち」って言ってる人。東京でアルファードを見かけるくらい、まあまあ見かけます。

「誰と勝負してるんですか？」

[06]

聞く側の問題と 言う側の問題と 生麦生米生卵問題

Tatsuro's 25 Ways of Thinking

生ムぎ なマゴメ 生たまゴ

ゆくゆくは勇者になれるだろうと思っているコウジご一行は、名前から察するに旅に欠かせないであろう「勇者の剣」のありかを知っていると言われている（この段階で怪しい）、仙人のヤスクンを探していた。

シックスウッドという町の人に聞いてみると、

「彼ならすぐそこにある滝のそばに住んでいるよ。1000年以上も生きてる人で、変な言葉を使うし、とても早口だから私たちには何を話しているか理解しづらい」と言うのです。

とはいえコウジは仙人に会わないことには始まらんということで、滝の近くに住んでいるヤスクン仙人を訪ねる。

「初めまして、コウジといいます」

普段はできないのにこういう時だけ丁寧な挨拶をしたが、

「あーどうもこんにちは」

と、とてもさわやかに言ってくれたので、コウジは少し安心した。その勢いで事情や立場を

説明し、勇者の剣のことを聞くと、

「ブレイブツルギハイニシエノエイジカラデンブンサレテイテザットゥマウンテンヲイーアルサンスートッパシタソノセツナリトルデンジャラスナハイオクガサンゼントカガヤクセツナガアル。ソノセツナヲネライヌシハトコノマニジャマシ『クチクチクチデシナー』トイイカンパツヲイレズ『マーベルドコカラミテイイカワカランデスー』トサケブ。ソコマデヘンナコウドウスルコトデハイオクノアウトサイドニアルカワデイシニマクラシナガレニススイデイルセンニンガダレカキタコトニハットスルカラヒーニユウシャノツルギヲクダサイマシトイエバゲットダワ」

と、ヤスクンは自分しか知らない情報であるため〝得意気ゾーン〟に入ったのか、とても早口であまり聞き慣れない言葉などを交えて話した。町の人が言っていた「理解しづらい」は、オブラートに包んだ言葉で「理解できない」がオブラートがなくなった言葉だ。

コウジ「なんて言ってるかわかった？」

魔法使いタカヒロ「いや早口でわからんし、いろんな言葉が急に飛び込んでくるから余計にわからん」

コウジ「だよね。もう1回、聞く？」

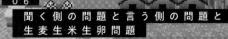

タカヒロ「もう1回だけ……」

ともう一度、勇者の剣について聞いてみた。

するとヤスクンは怪訝《けげん》そうに、

「ブレイブツルギハイニシエノエイジカラデンブンサレテイ……」と先ほどと寸分の狂いもないリズムで言いきったので、コウジは、

「ありがとうございました！　助かりました」とやべぇやつからは早く離れたほうがいいというママからの教えをもとに、速やかにシックスウッドの町から出た。

仙人ヤスクンの言葉が理解できれば、早く見つけられた勇者の剣。理解できない僕たちが悪いのか、理解させられないあいつが悪いのか……。

生麦と生米と生卵

この項では、「私とおまえとはそもそも知識や経験の量が違うんだよ」という部分をやたらと会話でマウントしてくる〝前世どんぐり人間〟（所詮《しょせん》、どんぐりの背比べなのにそういうことを頻繁《ひんぱん》に仕掛けてくるやつのこと。ウィキペディアには載ってないです）を書いています。

自分が知っていれば、当然相手も知っていると思って話してくる「観光地駅前タクシードライバーの6割型人間」（これもウィキペディアには残念ながら載ってないです）、というような人のお話です。

タクシードライバーの件についてもう少し補足説明しておきますと、観光で有名な土地——例えば京都駅に、あなたは旅行で到着しました。キャリーケースを持ってタクシーに乗り込みます。運転手さんがキャリーケースをトランクへ入れてくれる場合もありますね。何にせよ、この段階において、運転手さんはお客様のことを「旅行（出張）の人」か、「旅行帰りの人」かに分けて考えておかないといけないのです。場合によっては、「それ以外」も。

そして、あなたが「〇〇ホテルに行ってください」と、行き先を伝えた時に、僕の経験上、

半分以上の運転手さんが一切の素性を聞かずに、

「A通りからB通りに上がって、B通りを東に行くルートでいいですか？」と尋ねてきます。

まず、「旅行者」か「旅行帰り」かの2択の解答ができていないのに、その発言。僕からすると、「当然、通りの名前をわかっているうえで、目的地に行きたいと思ってあなたはタクシーに乗ったんだよね？」と言われているような気がするのです。そして、そう思い込んだ僕は、

「キャリーケース持ってホテル行きたいって言ってるんだから、なんとなく旅行者の想定してくれる？」と、心中ヒートアップして、勝手に機嫌が悪くなります。大人げあろうがなかろうが、これは一生変わることのない考えでございます。

さてさて、人に何かを教える時や、教えてもらう時、どちらもそうですけど、双方が時間を割《さ》くわけでありまして、その解決は最短距離が一番いいのは当たり前。例えば教える側は、当たり前ながら「教える立場＝知識・経験が相手よりある（はず）なので、相手がこの言葉や知識を知っているか？」という前提で、お話ししてあげる意識が必要だと思います。

「いや、ひょっとしたら知らないかもしれない」

この意識づけができると、どんな人と話す時も、その人の立場になって話そうとすることができるので、今までより気持ちよく簡潔なコミュニケーションができるのかなと考えます。

例えば会議において、

「例の案件でX君がアサインされて考えたキャッチコピーだけど、ディスアグリーだったよ。プロスペクト理論とか使ったようなコピーにしてみて。ローンチもうすぐだからさ」

この言い方にイラッとしない人は、英会話必須の会社にお勤めか、さぞかし優秀なメンバーで固められている人たちなんでしょうが、僕からするとやっぱり〝前世どんぐり人間〟なんですよね。その場の空気感でそう仕掛ければいい時もあるかもしれませんが（ないと思うけど）、目的はその人（たち）に100％伝えることなのだと思うので、例えば言いにくい言葉を伝えたい場合は、

「ナマムギナマゴメナマタマゴって言ってみて」

じゃなくて、

「生麦と生米と生卵から『と』を抜いて、『生麦生米生卵』って言ってみて」

と伝えるのがよいのだと思います。

セーブポイント
（本筋とは関係のないひとり言）

初めてのお食事会

僕は体質上まったくお酒が飲めないので、お酒は断ります。

とある初めてのお食事会で、

「えー！　かわいそう。こういう飲みの場って、大変じゃないですか？」って言ってくる人に出会いました。誰がこの場を「飲みの場」って決めたんじゃい！

僕からすると、「食事の場」なんですけど（一応、「場」だけはパクる）。

ちなみにそこがカラオケボックスなら、「歌の場」というのはアリな気がする。

決して「歌広場」と言ってはいけない。

[0 7]

こってりかあっさりか
商品になるか購入者になるか
選ぶか選ばれるか

Tatsuro's 25 Ways of Thinking

減らして普通を保つ

魔王を倒すための冒険の旅に出て久しく日が経ち、そろそろメンバーの性格が気になり始めたコウジ。長い旅になることで「皆の仲が悪くならないか」と心配もしていたが、「目的が同じ仲間たちだから大丈夫！」と信じていた。しかしながら、いよいよ耐えきれなくなったメンバーがいたのだ。それは、魔法使いを中途半端にやめて僧侶に転職したヤスオだ。

転職した当初は、「遊び人になりたい」と、人と違うことをするという生き様（32ページ「袋の鼠《ねずみ》」参照）を見せようとしたが、本人的には言いくるめられ、僧侶に転職をしたやつ（仲間を『やつ』と呼んでいる段階で終わり）だ。

けっきょく現在のヤスオは、皆に事前報告もせず「遊び人」というそんなに役に立たない技を覚える職業になり、戦闘になるたびに瀕死瀕死の連続で足を引っ張っているうえ、腕も引っ張っている。

町の周辺のモンスターを退治して、町に帰ると町の人は手厚くもてなしてくれる。おもてな

しを受けている時に、遊び人であるヤスオは得意の技で町の人たちを楽しませる。

「ヤスオさん、いいよねぇ。町が明るくなるんだよ」

「ヤスオさんたちのおかげでモンスターがいなくなって、本当に感謝だよ」

と町の人々も言うのです。

人を楽しませるのはよいことだ。でも最大の仕事は、モンスターと魔王を倒して世界に平和をもたらすこと。

さっきまで瀕死だったヤスオを復活させたのは僧侶のタカシで、戦いの前線で活躍したのは戦士のマサヒコ、後方の援護射撃は魔法使いのタカヒロ。一か八かの「ロボットダンス」で敵に向かった結果、痛恨の一撃をお見舞いされたのはヤスオ。これらの戦闘で勇者コウジは両膝をついて愕然《がくぜん》とした。そのあとだったため、

「この人と最後まで旅をするのか……。っていうか、最初の段階でパーティに入れなければよかった。出会った頃は楽しそうな人だし、こういう人もいいかもしれないって思っちゃったんだよね」

このゲームにおいてモチベーションというステータスが存在するならば、この遊び人をそのまま入れておいて、ほかのメンバーが強くなったとしても、モチベーション低下問題が発生する。レベル50になっても、レベル35くらいの力になってしまうのだ。

そう、決めるなら今。

「一緒に旅をするのか」

「やめてもらって、ヤスオ以外のメンバーで旅をするか、新しい仲間を入れるか」

これを残りのメンバーと相談すると、メンバーにも責任を負わせることになる。ここはリーダーとして、しっかり考えないと。

「どうしよう。やめてもらうとして、なんと言ってやめてもらおう。はっきり言うのか？　はっきり言ってもヤスオには理解できなそう」

――そして夜が明けた。

ヤスオを呼び出し、コウジは言った。

「ＲＰＧのパーティって、大体４人パーティなんで、抜けてもらっていい？」

増やさず普通を保つ

最近（というか、けっこう前から）は、社内の人間だけでプロジェクトを完結させるという方法のほかに、アウトソーシング（業務委託や派遣）で社外の法人や個人に依頼することが増えてますよね。

「記事の更新は業務委託」
「ホームページ制作のデザインは業務委託」

などなど。またその逆で、「依頼をされる」こともあります。どちらでもかまわないのですが、

「この人（たち）と長いつき合いになるかも」（パターンA）
なのか、
「単発の仕事（これ以上は絶対にない）」（パターンB）
なのかを、依頼する前に、もしくは依頼される前に「A」か「B」に分けることをおすすめします。

例えば、大手の企業から仕事の見積もりを受けたとして、「安くならないの？　ほかでも見積もり取ってるんだけど、全然高いよ。早く仕上げてほしいんだけど。今回うまくいったら、次もなんか仕事あげるからさ」という感じで、打ち合わせ中、これ以外の言動でも終始偉そうで、〝俺9おまえ1〟の割合で仕事しようとする人の場合、大体は「パターンB」の判断で正解。

パターンAだろうが、パターンBだろうがストレスのあるやりとりは発生するんだろうなという前提でかまえつつ、パターンBの場合、1回でつき合いが終わるので、「想定されるストレスと売上の対比」でやるかやらないかを決定してください。「あまりにもしんどそう」「修正の依頼がすごく多そう」など、釣り合わないと思った時はやめるがよしです。

パターンAと判断した場合は、魅力として「大企業相手」「長期の売上見込み」などはありますが、それ以前に「安請負い」「ハラスメント的対応をされる」の二重苦になる可能性も多く秘めているため、こちら側全体のストレスや士気に影響してきます。この仕事を受けていることで、時間も割かれてほかの業務ができない、ほかに取りかかっても士気が低いため、生産性が低下するなどよくないことばっかり。

「この人（クライアント）のメールを見るのがつらい」となれば、仕事を辞めたくなっちゃいますからね。

会話も上手で、偉そうな人でもしっかり対話して丸め込める人であれば、どんどん仕事を受けてもいいと思いますが、なかなかそういう方も多くいらっしゃらないと思うので、長くつき合えなそうな人は、自分や会社のためにも早く断ち切ったほうがいいと思われます。

あくまで、自分の仕事に自信がある人用の話でございますので、「どっちのパターンでも嫌なこと多い」などとかぬかす人は、いったん考えを改めてくださいまし。

精神力◎、忍耐力◎、仕事力△くらいの人は、こういう仕事を受けてもいいかも。

セーブポイント
（本筋とは関係のないひとり言）

ゴルフ

「どれくらいで回るの？」

「100は切りますね」

「お、すごいじゃん！」

って会話。

これ100メートル走に代替すると、

「何秒で走れるの？」

「13秒くらいですかね」

「すごいね！」

ってなると思うんですけど、ちゃんと13秒で走る人に「すごい」って、その人は言ってあげているのか。

こうなってくると、草野球チームで６番バッターのおじさんにも、大体同じ扱いをしてあげてほしいです。

[08]

京都人に「京都好き」と言ってはいけない

Tatsuro's 25 Ways of Thinking

二度と戦えない相手

勇者になるはずのコウジとそのご一行は、この地で有名な盗賊カンダタタのアジトを発見した。

カンダタタは、けっこう強いらしい。誰から盗んだのかは謎だが、世界に一つしかないといわれている「天衣無縫《てんいむほう》（縫い目のない）の黄金のファーストミット——天才野球犬ボンチィのサイン入り」を持っているという情報もある。

防具なのか武器なのか、いずれにしてもカンダタタを倒し、これをゲットして売却すればかなりの資金になり、今後の旅に相当な余裕をもたらしてくれるであろう。

近くの町の人が言うには、

「あいつと戦ってもし負けたとすれば、再挑戦は無理だ。すぐにアジトを変えて姿をくらますから、二度と会うことはないだろう」

再挑戦がド定番のRPGにおいて、再戦不可と言われては緊張する。そう、彼らにはいつも緊張感がないのです。そこでコウジは、

「しっかり緻密《ちみつ》な作戦を立てていこう」

と、みんなで会議を開いた。

町の人の情報を総合すると、盗賊カンダタタは、

「巨人でマッチョすぎる」

「斧《おの》を持っている」

「上半身裸」

「下は濃紺の水泳パンツをはいている」

そうである。また、仲間もいるようで、その仲間たちの特徴は、

「上半身は馬」

「下半身は人間」

「怖くてまともに見られない」

ということみたいです。コウジは、

「たぶんカンダタタは怪力系だから、遠くからの魔法攻撃がいいと思う。ほかの仲間は顔が馬だから、しゃべれないはず。だから魔法は使えないし、武器も持てないから嚙みつき系だ」

というわけで、

• 戦士マサヒコは上半身馬の仲間を倒す。嚙みつき防止に頭と首に鉄の防具を装備

・幕下勇者コウジと魔法使いタカヒロは斧をも防ぐ鎧《よろい》と盾《たて》を装備し、カンダタタを魔法で倒す
・僧侶タカシは後方から味方の回復に努める
という作戦を立てた。

ああ、めずらしい。こんなに冷静に作戦を立てるのは初めてだ……。と思うコウジがアジトにたどり着くとそこには、カンダタタとその仲間のケンタウロース2体（2人）が！

戦いは、始まった！


カンダタタは、オニマグマの呪文を唱えた。


斧を持ってるくせにマッチョの魔法使いだった。

ケンタウロースは、馬並みのすばやい動きで戦士マサヒコをかく乱した。

下半身が馬で上半身は人間という姿、情報とは真逆だった。怖くてまともに見られないから町の人はちゃんと見てなかったのだ。予想が大きく外れ、立て直しに時間がかかってしまった。

いつもとは違う準備をしていたコウジ・戦士・魔法使いは簡単に倒されてしまい、いつもど

おり僧侶タカシが最後まで残ったが、瀕死のメンバーを回復させながらその場から逃げた。

「ああ……もうこいつらと二度と戦えねぇ〜」

——……二度と戦えねぇ〜——

やまびこが返ってくるくらい、タカシは大声で言った。

根拠の弱い予想をもとに弱い作戦で挑《いど》むくらいなら、いつもどおり各々《おのおの》好きなようにやればよかったというお話。

二度と会えない相手

商談デビューしたばかりというのは、自社のサービスのよいところや悪いところ、ありのままを言って、感じよく話して、うまくいったりいかなかったり……。そんなふうに誠意をもって対応していたのではないでしょうか。それは無策なのですが、ビギナーズラック的な、初心が基本というような感じで対応されているので、うまくいく時もあったのだと思います。

ただ、うまくいかなかった時に「あの時こう言っていれば……」「あの場合はどう言えばよかったのか？」など、反省点や疑問も生まれてきます。そこで、勉強したがりのあなたは本を読むのです。そして、その本には「人として興味を持たれることが大事。相手の趣味を把握してそこを勉強して、会話に織り交ぜろ」とか書いてあったりします（実際にある本です。脳科学的にうんたらかんたら言ってるやつ）。

では、相手がラーメン大好きで「天下一品」のラーメンが好きだとしましょう。あなたは食べたことがないので店に行き当然、噂に聞くこってりラーメンを食べる。

「最初はそのままで」「ラーメンだれを入れよう。うん、おいしい」「お味噌も入れてみよう。

うん、ちょっと辛いけどおいしい」「餃子は？　うん、おいしい。あっさりしてる」

今日はお腹いっぱいだから、また明日にでもまだ食べていない「チャーハン」「豚キムチ」を食べてみよう――と、何日か通います。

資料もあるし、これである程度の準備は整った……。もうおわかりかと思いますが（わかった人はページを飛ばしましょう）、こんな趣味の話だけで「おたくと取引するよー」なんて人はこの世にほぼいません。いたら逆に取引しなくていいです。すぐ裏切ります。

商談の時に、

「僕、天下一品のラーメンが大好きなんです。社長もお好きですよね」なんて言ってはダメです。「え？　急にその話？」ってなるだけ。これはあなたが悪いんじゃない。そうしろと書いてる本が悪い。「人として興味を持たれることが大事」ということは不正解ではないと思いますが、自分たちが売りたいサービスや事前に相手先の趣味等の情報含め、「どういう脈絡で話をしているか」「その場の空気感」「事前に知り得ない相手の性格の読み取り」「状況によっては話を省く」というポイント（細かくいうと、もっとある）を意識して話すのが大事なんだと僕は思います。

趣味なんてその人の100個あるツボのうちの1個のツボでしかなく、残り99個がどこに存在するかわかりません。けっきょくのところ緻密な戦略があったとしても、相手の性格が十分にわからない以上、むやみに固めた戦略を遂行するのはよくないと……。

無策でいきましょうというわけではなく、しっかり作戦を立てたうえで、それが「台なし」になることも踏まえて、日々、他愛もない会話力磨き（自力）と、サービス資料の見直しや、強調するポイント、サービスを納得させるキラーワード（武器磨き）を準備しておけば、「あぁ……もうこいつらとは二度と会えねぇ」の確率は下がるのかなと思います。

これからは「緻密に縫われた」服（作戦）と、「天衣無縫」の衣《ころも》（あなたらしさ）の両方を、鞄《かばん》にどうぞ。

ちなみに、京都出身の僕は「京都好きなんですよねぇ」「同じ関西出身として……」とか言われると、「この人、俺と話すのもう限界なのかあ」と心の中で、やまびこが返ってくるくらい大声で叫びます。

セーブポイント
（本筋とは関係のないひとり言）

おこしやす part 1

京都出身です。と言うと、

数多《あまた》いるそいつ「京都好きですー！」

僕「あ、そうですか。何回か行ったことあるんですか？」

数多いるそいつ「修学旅行で行きました」

僕「あ、そうですか」

数多いるそいつ「鹿いますよね」

僕「それ奈良」

この会話の流れ、ガッチガチの鉄板を通り越してパオン。

[0 9]

正義はそれぞれ

Tatsuro's 25 Ways of Thinking

追いパンツ

悪の魔王（そもそも、「悪」とつけなくても「魔」という文字が入っているので、悪いやつであることはわかっていることだ。というわけで「悪の」はいらない。そういう意味では、「俺のイタリアン」も俺のじゃなければ、誰のなんだという話）を倒すために、長くなるのか短くすむのかわからない旅をしているコウジご一行は、商人の町といわれるめずらしい武器や道具の揃ったビッグスロープという町を訪れた。

この町には、今までの町にないような物ばかりが揃えられているということで、皆楽しみにしていたのだ。町を訪れるとたくさんのお店が建ち並び、さまざまな商品が売られている。皆テンションが上がりすぎて、隊列を崩す始末である。

まず、勇者になるかもしれないコウジの目にとまったのは「国王ショウジー公認の『一生毒消し草』」を売っている店だ。この店には長蛇の列ができており、看板には「一生毒におかされない体に!!」と書いてある。コウジは、国王たちの公認もあるなら買おうということで、行列に並ぶ。

一方、僧侶のタカシは、比較的客は少ないが「効果長持ち！　1週間くらいは魔物の毒にかからない草」を売っている店に立ち寄った。店主にくわしく話を聞いてみると、

店主トラネコ「実際に私が使って魔物の毒を注入したんですよー。しかも、半年くらい繰り返して」

と言っている。彼の言っていることを鵜呑《うの》みにしたとして、効果は実証ずみということか。タカシは旅の期間がどれくらいの長さになるかわからないので、とりあえず4つほど買ってみた。もしなくなっても、またこの町に戻ってくればいいという考えのようです。

さて、コウジもいよいよ長い行列から解き放たれ、店主と会話をする機会がやってきた。

コウジ「まだ『一生毒消し草』ありますか？　4人分ほしいんですけど」

店主タヌキツ「全然ありますよー。この町で一番売れてるから、たくさん作ってるんですよ。これだけ喜んでくれる人がたくさんいるってことは、幸せですねぇ」

なーんて言ってますけど、この一生効果があると言われている草、誰が「一生保証」しているのでしょうか。「国王公認」なんて書いてありますけど、公認だったら商品の本質に変化があるんでしょうか。

なんだか、腑《ふ》に落ちない雰囲気のタカシ。一応、町の人たちにこの商品について聞いてみたが、ほとんどの人は「買って損はない」「多くの人が買ってるから間違いないと思う」「あの

人、いい人だから」という回答。タカシは、

「メンバーも喜んでいるみたいだし、俺の買った草は念のため内緒にしとこう」

と、まったく腑に落ちてないが、無理やりそう思うようにした。

これについては、魔王を倒したあとでもわからない答えで、「売った人」「買った人」、今回登場した誰がどうとかという話ではないということをタカシはわかっているからだ。

とはいえ、タカシの心の中には「モヤッと」が1TB《テラバイト》くらい残っているため、ストレス発散がてら武器屋に行って、安くて防御力の上がる「俺のパンツ」を2枚買った。そして、魔法使いのタカヒロに、

「俺の『俺のパンツ』を1枚おまえにやるよ。おまえの『俺のパンツ』として使ってくれ。今日からおまえの俺のパンツだ」

と言って、一人宿屋に帰った。

追いパンチ

「結果がすべて」「売れれば正義」って、言われたことがある人はけっこういると思います。言われたことがない人もいると思います。言われたことがない人でも、「仕事って、何が大事？」と悩んでいる人もいると思います。

結果がすべてだったとする場合、そのプロセスはどうでもいいと理解する人が多いし、言葉そのままにとらえたとしても、プロセスはどうでもいいということになります。

ボクシング世界戦に挑戦する「挑戦者ヤマサン」は、苦労のすえにつかんだ挑戦権を持ち、厳しい練習を乗り越え、苦しい減量に耐え、軽量もクリアして試合に臨んでも、しっかり減量できなくて「体重超過」したチャンピオンに、体重が重いぶん、パンチ力の強い拳《こぶし》で殴り倒されれば公衆の面前で「KO負け」ということになりまして、言いわけ無用でございます。

ちなみに、その勝負までのプロセスを完全に無視したチャンピオンであるネリネリネーリは、チャンピオンベルトをはく奪され、再度チャンピオンになるべく下から這《は》い上がるはめになります（団体ルールはさまざまございますが大体こんな感じ）。

社会に出てもこういうふうに、（プロセスに）まじめに取り組んだのに、なんか変なやつに競《せ》り負けちゃったとか、結果がすべてって言われたのに、やってきたことを怒られたとか、いろいろあると思います。

「売れれば正義」もその一端で、2022年現在よく聞くパターンとして、こちらが「どうかな？」と思うような商品に対して、「インフルエンサーに宣伝してもらう」「リスティング広告（Webの検索結果などに出る広告）に出す」とまず言ってくる人が多いです。僕のモノじゃないので全然いいんですけど、商品そのものが「よくある」「魅力的じゃない」「誰が使うのか？」というようなモノの場合、「まず商品じゃろがい！」と思ってしまいます。その商品を「1000個しか作りません」ということなら短期で売ることになるでしょうから、先に述べたような戦略でもいいのかもしれませんが（お客様は喜ばないですけどね）。基本的にはみなさん、何かを作る時は「長く愛されたい」「多くの人に喜んでもらいたい」という思いで作るのではないでしょうか。

タチの悪いことに、一瞬だけお金がほしい人、派手好きな人がたまにこういう手法を用いて、SNSで「これが正義だ！」みたいな感じで言うので、これを鵜呑みにしちゃった人が痛い目に遭《あ》うんですよね。

「プロセス」か「結果」かは「私と仕事とどっちが大事なの？」と同じようにどちらも全力で

大事にしないといけないんだと思います。

しっかり練習して体調管理もし、試合前には体重も整えて軽量をパスし、本番当日、

「どんなもんだろうと数売れよ。結果がすべてだぞ」

と言う先輩や上司に対して、しっかり踏み込んだクロスカウンターを打ってKOしましょうよ。

自分の子どもが運動会でビリになって、

「結果がすべてだ」

と言うようなやつには、ダウンしても追いパンチを。

セーブポイント
（本筋とは関係のないひとり言）

命

「奥さん（彼女）とお母さんが溺れてたら、
どっち助ける？」
って聞かれた場合迷わず、
「奥さん（彼女）」
って言いましょう。だって、お母さんは
お父さんが助けるから。
シングルマザーの場合は、別の話。
あと、「どっちも助けるね」とか、さわ
やかに言うのもなし。

[10]

みんなでやってるんじゃあ～りませんか

Tatsuro's 25 Ways of Thinking

浜

ビサイドハマーの町は海に面した町であり、冒険の最初の町だ。このゲームをプレイしているタダシさえ飽きなければ、勇者となることが約束されているコウジであるが、外のモンスターが怖くて町から出られない状況である（この理由については、「レベル5とレベル1の差〈24ページ〉」参照）。

さて、その一方でプレイヤーのタツロウ君が操作するコウジご一行は、冒険の中盤を迎えているわけだが、出発の地であるビサイドハマーに戻っていた。コウジの母・レイナの誕生日なのだ。

町に戻ると、たくさんの人たちがコウジご一行を出迎えてくれた。会う人会う人が活躍の噂を聞き声をかけてくれる。

「コウジ頑張ってるんだってね。1回死んだって聞いたけど、魔法で生き返るものなんだね」

「カンダタタの話も聞いたよ～。コウジ大変だったね」

「もうすぐ魔王のところまでたどり着けるって噂だね。コウジなら大丈夫だよ」

魔物を倒す役目の前提、勇者が運命として持つ「呼び捨て」でみんなは労《ねぎら》ってくれる。

そんな町の人たちに対してコウジは、

「いやいや、こんな僕に育ててくれた町の人たちのおかげだし、今一緒にいる仲間がいないと全然戦えないし、そもそもお母さんが僕を産んでくれなかったら、今こういう状況にはないです」

と答えるわけです。

こんなことを言われると、町の人も嬉しいわけですが、なんだか旅のいたる場面において、コウジの作戦ミスで振り回されたりもした戦士マサヒコや魔法使いタカヒロ、そして僧侶タカシも嬉しくなって、

「こいつのために頑張ってやるか！」

となるわけです。コウジ以外の3人は、自分たちがそれぞれの個性をもって戦いに挑んでいることや、そのバランスのよさは十分に理解をしているため、リーダーであるコウジがそれを理解していることがとても嬉しかったのだ。

3人は、コウジが浜辺で貝殻を拾って母親にネックレスを作ると言っていたので、一緒にそれを手伝うことにした。

タカヒロ「素敵な貝殻、見つかるといいですねぇ」

コウジ「手伝ってくれて助かるよ。ありがとう」

タカシ「ところで、今日コウジが町の人に言っていたことは本音なの？」

と本音じゃなければ傷つく質問をタカシがする。すると、かがみながら貝殻を探しているため少しパンツが見えているコウジは、

「もちろん本音だよ。だって僕たちがもし、魔王を倒して世界に平和が訪れた時に王様に称えられる中心は僕じゃん？（そういうことはよくわかっている）でも、どう考えても4人で同じ目的で同じような苦労で冒険してるわけだから、僕は絶対に3人のおかげだって『思う』ではなく、『ことあるごとに言い続ける』ことは絶対にしようと思ってる。そうすることで、ほかの人たちがみんなに目を向けてくれると思っている」

なんだか粋《いき》な言葉を聞いてしまった3人は、嬉しくて黙り込んでしまった。

母親へのプレゼントが完成して、仲間と家に帰ったコウジは母親にプレゼントを渡した。そして、母親と仲間3人に、

「いつもありがとう。みんながいて、僕がいる」

と言った。

あ〜クサ！

チャーリー

自分のいいところだけを言って、他人のよかった部分については一切触れずに蓋《ふた》をしてクサい臭いを放ってるやつの話。

「いらっしゃいませ。ご注文は何にいたしましょうか」

「お店の場所を探すのにお困りでしたらご案内いたします」

こういったロボットがいる。「このビルにはロボットがいますよ」ということを宣伝するために、Ｗｅｂサイトがある。Ｗｅｂサイトを知ってもらうために、ＳＮＳなどで発信をする。

私たちが日常目にするもの、触れるもの、食べるもの、聴くもの、壊すもの、ニンニク入れるもの、早送りするもの、ドカーンとするもの、これらはどれも成果物ばっかりです。

あなたもチームで何か作ったり、そのお手伝いをしたり、発想を生んだりしたことは大なり小なり経験があるのではないでしょうか。こんなふうに一つのチームで作りあげたものが評価された時、そしてあなたが称えられた時に、どんなふうに言いますか？　パターンとして、

「ありがとね（なんだったら、ツェンキューと言う）。大変だったよー」

というような、「俺が、俺が」のオラオラ系ダメージジーンズでスポーツカー乗っちゃうタイプ（Ｖｅｒ．茶髪）、みたいな人っていますが、こういう人にはあまり関わらないほうがいいですね。何かと手柄を横取りするうえに、嫌なものはたくさん供給してくるので。こういう人ってチーム内メンバーに対しては「おまえらのおかげだよ」とか言うけど、外面は「俺がやった」をうまくアピールしてるタイプです。

それにはっきり気づいた時は、なかなか言いづらいかもしれないけど、「**ごめん、クサい**のでつき合えません」とちゃんと毒をもって制してください。

例えば、建築関連の職人をやっている、もしくは建設会社で働いている彼氏とドライブデートしている時に彼氏が、

「あの新しいビル俺がやったんだよね」

とか言っちゃったとします。「俺がやったとは⁉」、**これまた、クサい**ですけど。これに対して「絶対違うし！」って口に出して突っ込めるなら、いい彼女になるか、滞りなく別れることができるでしょう。逆にそこで「すごーい」とかご機嫌を取るとその人がそういうキャラクターになっていきます。気をつけてください。

もう何にせよ自分のことを優先しすぎて、物事の細かな行程がどのようにからんでどのようにできていくのか目視ができない人とは、本当にからまないほうがいいです。

クサいやつがいるチームの場合、クサいやつが「俺のおかげ感」を外部の人や上司に出すので、評価されるのはクサいやつだけ。**あークサ！**

しっかり状況を見られる人がいるチームは、「ここは、A君がやって、そのあとB君が手直しして、CさんとDさんが営業してくれて……」と理解したうえで、「みんなのおかげ」を、ためらわず外部の人や上司に出すので、チーム全体の評価が上がります。「俺は何もやってない」と言ったとしても、そんな素晴らしい部下たちをまとめているあなたも素晴らしいという評価になるので、いつも状況を見たうえで、事実を言える人であってほしいと思います。

しっかり状況把握することが自然とできるようになれば、それこそ自然と部下や関係者に、**「君たちがいて僕がいる」**と言えるのではないでしょうか。

セーブポイント
(本筋とは関係のないひとり言)

おこしやす part 2

「京都人って、早く帰ってほしい時とかはお茶漬け出したりするんですよね」と、屈託のない笑顔で言ってくる人。

お茶漬けは出しません。それに帰ってほしい時に、「帰ってもらっていいですか?」って直接的に言ったら、相手は嫌な気しないですか?

とかグッとこらえて心の中で思っている京都人の僕のほうが、京都人をよく思っていない人より、人間できてると思うんですけども。

それを腹黒いと言われると、もう手が出ない。永遠にガードの人生。

[1 1]

身の丈《たけ》

Tatsuro's 25 Ways of Thinking

プレイヤーはレベルを知っている

母親にプレゼントをあげて喜ばれたコウジと仲間たちは、団結力もより強まり、次に目指す場所、ナインステイツ島に向かうのであった。

そこに向かうためには、大陸から船で行くことになるわけですが、海には今まで出会ったことのない魔物たちが現れるため、メンバーはより一層の緊張感を持つのでありました。ちなみに船は冒険の途中に出会った大金持ちに旅の経緯を話して、出してもらうことになったのですが、こんなでっかい借りを作ってはいけません。父親である伝説の勇者タケシが昔そういうことをして、魔王を倒したから、子ども（コウジ）もマネをしたのでしょう。

ゆらゆら船が進んでかれこれ1日以上経過した頃、ずいぶん遠くのほうにうっすらナインステイツ島が見えてきた！と思ったら巨大なイカモンスターのイカチャンが出現！と思ったら一同の攻撃が全然効かず10本の腕でバッチバチにされて全員瀕死になって直前にいた町に戻された！

さて、RPGには、特例を除き完全なる死亡はないため、ドえらい強い敵に出くわしても一命はとりとめるという触れてはいけない最終手段がございます。コウジご一行も町に戻されはしたものの、誰一人欠けることなく避難できたわけです。ただし、ボロボロにされたことは事実。4人は今後の対策を決めないといけません。

コウジ「たぶんだけど、気が緩《ゆる》んでるところに急に出てきたからやられちゃったんだよ」

僧侶タカシ「でも、タカヒロの呪文とか全然効いてなかったよ」

魔法使いタカヒロ「ビックリして呪文唱える時、噛んじゃったんだよね」

タカシ「それ、関係あるかな?」

戦士マサヒコ「俺の斧はヒットして、ちょっとだけダメージ受けてたよ」

コウジ「今度しっかり身構えて戦えば勝てるんじゃない?」

タカシは思った。「無理かもしれない」と。

自分たちの実力が今どれくらいか彼らはよくわかってない。島に向かうまでの冒険の中で敵が少しずつ強くなっていくので、海での魔物もさらに少し強くなるという想定だけで戦えると思ったのだろう。これ、現状のままでいきますと再度ボコボコにされるわけでございますが、なんと彼らが今どれくらいの実力かわかっている人物がいるわけです。

もったいぶる必要はまったくなくて、タイトルのとおり「プレイヤーはレベルを知ってい

る」ということです。レベルの数値もそうですが、ＨＰ《ヒットポイント》（体力）や攻撃力、守備力など彼らのステータスが数値化された情報をプレイヤーは持っているため、レベルを上げて対応していこうと決めるわけです。

というわけで、プレイヤーはチームのリーダーであるコウジにその意思をたたき込み、「今は」海の魔物に勝てないけど、しっかりレベルを上げ、力をつけたり、ＨＰを増やしたり、新しい呪文を覚えたりして、再度チャレンジを試みるわけです。

そしてこのプレイヤーの意思を知らない間に刷り込まれているコウジは仲間３人に、

「今の僕たちの実力じゃあいつらには勝てないから、しっかり倒せる魔物たちを倒して経験を積み、力をつけてから倒しに行こう」

そして仲間たちにこう言われるのです。

「さっきと言ってること、全然、違うやんけ」

と。

プレイヤーの存在を知らない人たちと、体が思うように動かないことを、神のお告げで言ってはいけない決まりになっているコウジの旅はまだ中盤。

あなたはあなたの身長を知っている「はず」

「ナンバー1キャバ嬢になるんだ！」と言って、キャバ嬢デビューした1カ月後の順位が在籍キャスト60人中48位だったA子ちゃんはこう言いました。
「なんで⁉　あんなに頑張ったのに……！」

何かの結果が出た時に「なんで⁉」で結論が出ない人は、そもそも何をやったとしても「なんで⁉」の人です。つまり、一人テッ&トモ。

エンターテインメント、スポーツなどを生業《なりわい》にしていれば、競争することが多く、ほとんどの人は「できれば一番。なれなくても優秀なところまで」と考えるのかと思います。

とはいえ、それとは別視点で「無理なやつは無理」「なれるやつはなれる」ということを念頭に物事を考えることも大事です。

何においても当てはまると思いますが、「優劣をつける時」に結果が反映される重要な要素は「努力×才能」と考えます。

努力とは「それに費やす時間」、才能とは「自分に足りない部分をわかっている能力」「何を目指せばいいかわかっている能力」「その競争において何が必要かわかっている能力」「同じ努力をしている人との差を作る能力（疑似個性）」「天賦《てんぷ》の才」。

才能については、ざっくり挙げただけで5つ。A子ちゃんは「頑張っている」ことだけが、競争に勝つ唯一の手段と考えているようで、おそらく、売上が悪いと「お客様が少ない」「いいお客様がつかない」など、自分とは関係のない外に要因があると考えるでしょう。この場合、彼女の才能要素において持っているものはゼロに等しいため、先ほどの掛け算の話でいくと、

努力した時間（8H）×才能（0）＝ゼロ

つまりまったく成長しないです。ではどういうふうにして才能を開花させるのかってところですが、別に大して難しい話ではなく昔の人がよく言う「身の丈を知れ」ということで概ね解決されるのかと思われます。要は「自分の能力を知れ」ということで、それを身長に置き換えて「天井に手が届いたやつが勝ちグランプリ」みたいなものをイメージしてください。

A子ちゃんはとりあえず、めちゃくちゃ頑張ってジャンプして、失敗したら「もう1回」と何度もチャレンジします。ほかの子には目もくれません。いつもこの競争に勝っているX子ちゃんをいつかは追い越してやりたいと思っているB子ちゃんは、常にX子ちゃんを観察し、

「身長が高いな」「靴は運動靴を履いているのか」「足腰を鍛えているようだ」と認識します。
「私は今身長が低い」「ヒールを履いていた。ダメだ」「鍛え方も間違っていた」
「まずやるべきは何か?」「身長を伸ばそう（たとえ話なので身長は伸びる前提で草）。合わせてトレーニングもしていこう」と、こんなふうに相手に興味を持ち、自分を知ることで、自分の身の丈（能力）に気づかされます。

競争相手のことが嫌いだと、「あの人と私は違う。私のほうが才能ある」と歴史を重ねるごとに増えてくる「自分は天才なんじゃねぇか野郎」になっちゃうので、気をつけてください。あなたが天才かどうかを決めるのは、あなたではなく他人であり、それはずいぶん先の話でございます。今のところ誰にも言われてなかったり、2、3人にしか言われてないなら天才じゃないです。

話を戻します。B子ちゃんは「自分に足りないもの」がわかり、一つの才能が芽生えました。これだけで、まずA子ちゃんと同じ努力をするとA子ちゃんには勝てますね。「何を目指すか」「X子ちゃんとの差別化」もこれからの経験を重ねていくうえで気づきが生まれ、努力の質も上がっていくことでしょう。

そして、いつしかX子ちゃんに追いつきそうになった時に、まったく同じ努力をしていても、届かないことにも気づいたりするのです。これもまた人生で、X子ちゃんにはお父さんお母さんから受け継いだ身体能力が異常に高いという、「天賦の才」があったわけですね。

これもある意味「身の丈を知る」ことになり、それを甘んじて受け入れる道もあれば、一矢《いっし》報いるため、何か自分にしかできないことを探す（差別化）のも一つの道。ある意味X子ちゃんでは味わえない「ナンバー1にならなくてもいい　もともと特別なオンリーワーン」になれるかもです。

ところで一人テッ&トモのA子ちゃんは、「昆布《こんぶ》は海の中で出汁《だし》がとれない」のがなぜかを知りません。B子ちゃん、X子ちゃんは知ってます。

相手の身長を知り、自分の身長を知り、少しずつ身長を伸ばすことを考えてみましょう。そして相手の身長に追いつかないこともあり、挫折を味わうこともありますが、「自分はこんなもん」と思う心と、「ほかにできることはないのか」と考える心、両面の気持ちを持ちましょう。

セーブポイント
（本筋とは関係のないひとり言）

横断歩道信号待ち

信号が青になるのを待っている歩行者。交差してる側の車線の信号が変わるのを、めっちゃ見てる。

車側の信号が赤になり、まさに歩行者側が青に変わるか変わらないかのタイミングで足を踏み出す。

それ、けっきょく信号無視ですから。なんとなく許されると思うな。

[1 2]

燕《えん》雀《じやく》安《いずく》んぞ
鴻《こう》鵠《こく》の志を知らんや

Tatsuro's 25 Ways of Thinking

「剣の舞」を使って怒られるやつ

戦いの時は突然訪れた！

伝説の勇者タケシの三男坊であるコウジとそのご一行は、魔王のいるお城の設計図（誰が作ったのか。ミサワホームの設計士か）を持っていると言われているナガーと出くわした。流れ上、旅の終盤に差しかかりそうな時に出会うのだろうなと思っていた一行はとても驚いた。ナガーも人間4人が急に来たので驚いた。

勇者候補のコウジは、言った。

「大丈夫、今の僕たちなら勝てる！　行くぞ！」

コウジは必殺「剣の舞」を使った。

戦士マサヒコは斧で攻撃をした。

魔法使いタカヒロはベギラーマを唱えた。効かなかった。

僧侶タカシは相手の守備力を下げる呪文を唱えた。

コウジは必殺「剣の舞」を使った。

マサヒコは魔人斬りをした。

（中略）

コウジは必殺「剣の舞」を使った。


コウジはとにかく必殺「剣の舞」を連打する癖があり、ついにＭＰ《マジックポイント》がなくなってしまった。ＭＰとは得意技を使うための数値で、コウジには「剣の舞」以外にもたくさんの得意技があるのだが、父タケシに教え込まれたこの技を使うのが大好きだったのだ。

少し乱れはしたが戦闘に勝ち、魔王の城の設計図を手に入れたコウジご一行だったが、コウジが後半ただただ通常運転の「戦う」コマンドにしかなっていなかったことにマサヒコが、

「いつも言ってるんだけど、使いすぎるとＭＰがなくなっちゃうから、ちゃんと後々のこと考えて使ってくれないか？」

たたみかけるようにタカヒロが、

「フォローするのは僕たち３人なので、どれだけすごい技でも、控えてもらえるとありがたいんだけど……。僕も前から言ってるのに、聞いてもらえてないのかな……」

（あー……。言ってることは確かにあっている。正しすぎて言い返せない）と思ったコウジ。
そして腑にも落ちないコウジ。

あまり争いごとが好きじゃないコウジは（モンスターとは争いまくる）、こういう時、自分は夢中になってしまうタイプであることはわかっているのでこんな選択をします。

「『剣の舞』は二度と使うまい（「舞」と「まい」が、かかっているわけではない）」と。

こういう極端な選択をするコウジもよくありませんが、性格としてこういう側面があるのはなかなか直せない部分でもあったりしますよね。コウジ自身も皆の役に立ちたい一心で、「剣の舞」を連発するのですが、その気持ちなどは彼らには伝わりづらい。

戦いで負った傷や、ＭＰを回復するために一行は宿屋に泊まったが、夜、タカシがトイレに行くために部屋を出ようとドアを開けると、真っ暗な廊下でコウジが「エアー剣の舞」をしていたので、そっとドアを閉めました。めちゃくちゃ、やりたがってるじゃん。

風邪ひいて怒られるやつ

「そろそろ寒くなってきたね。暖かい格好しないとね」っていう会話を、人生の終焉《しゅうえん》を迎えるまでにあと何度するのであろうか。

ちなみに、「3月なのに寒いね」とか「9月なのにめっちゃ暑いね」と、いつまで経っても言っている人がいるけど、3月は寒いし9月は暑いです。できれば15歳くらいまでにこの会話は終わらせて、社会人になってほしい。

さて「暖かい格好をしないといけないよ。体調管理大事だからね」と人に言わないといけないような立場の人っていますね。例えば、お父さんお母さんが子どもに言うとか、彼氏が彼女に言うとか。

こういう時にマイペースに生きている人は、そこまでその日の気候を意識しなかったり、着たい服を着て出かけたりするキャラクターでもあるため、風邪をひいたりして、それを恋人に報告なんかしたりすると、

「普段から薄着の格好してるからだよ」

とか言われたりします。言った本人的にはどういうつもりで言っているのかわかりませんが、言われた側はこれが重なりますと、

「この人に言うと注意を受ける（怒られる）だけなので、言わないでおこう」

となるのです。僕はそういうタイプ。

そもそも、風邪をひいた原因もわからない。薄着だったせいかもしれないし、そうじゃないかもしれない。でも怒られた。心配してほしかったわけではないが、もう自分の状況を伝えるのはやめようとなります。

社会なんかでもそう。部下が何か相談をした時に開口一番、「それやったら、失敗するに決まってんじゃん。何やってるの？　もうちょっと考えてよ」と言われたうえに、フォローもなかったら、この部下は、

「この人に言ったら否定されるだけだ。相談するのはやめておこう」

となります。卑屈にならない心があるなら、何度もめげずに立ち向かっていけるのでしょうが、そういう人が多数いるとは思えないですね。

ミスも、風邪も、お腹いっぱいで吐きそうとかも、できればそのあたりを温かく見守る心で、「まずどうしてあげられるか」を実行したあと、「こういうところは直さないといけないかもね」と言ってあげてほしいです。人と関わるには、たくさんの会話を交わし、成長していか

ないといけない部分が多々ありますので、口をつぐませる発言は自分もされることを考えると、嫌な気持ちになりますので、それこそ口をつぐんで。

さて、これを執筆中にとある日本の政治家が、銃殺されました。背景は僕の知るところではないのでコメントできませんが、SNSなどで哀悼《あいとう》の言葉が多数ある中で、一部「祝」とか、「われわれを苦しめてきたのだから因果応報《いんがおうほう》」など心ないコメントを目にしました。その人がやったことや、思想について意見するのは別にかまわないと思うのですが、「やられて当然」「因果応報」とか言ってる人たちは、

自分に起こった物事はすべて、
因果応報の覚悟があって真剣に生きてるんでしょうかね。

セーブポイント
（本筋とは関係のないひとり言）

なかやまきんに君の説

なかやまきんに君が、「パワーッ！」とこれから言うのは100％予想できるけど、どのトーンで言うかの想像がまったくできずに、いつも不正解のやつ100％説。

[1 3]

嘘と数字

Tatsuro's 25 Ways of Thinking

小さいと言おうが大きいと言おうが嘘

「ご飯どうしようか？」

魔法使いのタカヒロが言った。ナインステイツ島に上陸して、朝から戦いが続き、長い移動の中、全然食事をとっていなかった一行。洞窟なども途中で見かけたけれど、入り口に蛇がいっぱいいたので、いったん無視して次の村を目指す。

そろそろタイミング的に勇者と呼ばれてもいいのではないかと、うっすら思い始めてるコウジはとにかくお腹が減っていたので、

「なんでもいいよ。みんなに任せる」

と言った。もうすぐドワーフ※のポポポ族が住むというパパパ村に到着だ。まずはそこに到着してから決めようということになった。

パパパ村には「なぞなぞおじさん」と、パパパ村の住民から呼ばれているおじさんが住んでいて、そのおじさんが次なる大陸へ行くための地図を持っているというので、訪ねることにした。

到着してさっそく村の人に、

「なぞなぞおじさんという人は、どこに住まれてますか？」

と尋ねると、村人のサワベーさんは、

「村をここから北西に行くと、大きな家があります。というのも、なぞなぞおじさんはすごい大きなおじさんで家も大きいのです。だからすぐにわかると思います」

コウジはお礼を言って、さっそく指示どおりの方角へ向かった。村といえどもたくさんのドワーフたちが住んでいるため、たくさんの家が建ち並ぶ。ドワーフであるため、家も小さいのですぐにわかると思っていたがなかなか見つからず、村の端まで来てしまった。

「家がないね……」と戦士のマサヒコ。

「大きい家なんてないよね」と僧侶のタカシ。

とそこへ、

「俺を探してるの？　さっきサワベーちゃんから連絡あったけど」

なぞなぞおじさんだった。予想に反して小柄な人だった。

「大きい人だと聞いていたので、てっきり僕たちより大きな人かと思いました！　初めまして！」

とコウジが言うと、

「それは勝手に思ってたことでしょ？　ドワーフのサワベーちゃんが言ってるんだから、ポポ

ポ族よりは大きいんじゃない？　けど、俺はおまえらよりは小さいよ」

なんだかよくわからない。変な人にからまれた感覚に陥《おちい》ったコウジであったが、実はこのなぞなぞおじさんの言っていることのほうが正しい。

コウジはとにかく、旅の経緯を説明して地図を持っているならそれを貸してほしいとお願いをする。

「お持ちなら、ぜひ僕たちに貸してください。旅が終われば必ず、すぐに返しますので！」

なぞなぞおじさんはコウジの言っていることに一定の理解を示しつつ、

「今、地図は持ってない。俺から見て左5メートル20センチ先にある俺の家のリビングの北東の角に肌色っぽいスグクルで買った金庫の中にあるけど。リビングっていうのは、玄関入って右にあるドアを開けた部屋のことだ。そして、旅が終われば返すと言っているが、旅が終わらず君たちが死んでしまったらどうするのか？　旅が終わったかどうかの確認はどうすればいいのか？　終わったことが確認できたとして、『すぐ』とはどれくらいのタイミングなのか、そのあたりがとりあえず気になる」

なぞなぞおじさんとは、なぞなぞを出してくるおじさんかと思いきや、そもそも、言ってることが謎すぎるのでついたあだ名だったことに一行は気づいた。

「屁理屈っぽい！」とコウジは思ったが、地図を貸してもらう立場である以上、なぞなぞおじさんの質問に対して、かれこれ4時間ほど丁寧に答えてようやく貸してもらうことに成功した。貸してくれるということは、やさしいおじさんであることには変わりないのだが、なんだかコテンパンにされた気分で宿屋に帰ろうとするコウジ一行。最後におじさんの名前を聞いてなかったので尋ねてみると、苗字が「ナゾナ」、名前が「ゾオジサン」でした。ああ、そういうことか。すでに疲れてるので別に大きな反応はしない。この本を書いている僕も。

コウジ「さようなら！　ゾオジサン」

ゾオジサン「さん付けくらいしろ！」

ようやく宿屋に戻り、食事をとれるタイミングがきた。

マサヒコ「晩ごはんなんでもいいってコウジが言ってたから、タイ料理にしよっか？」

コウジ「パクチー苦手なんで、タイ料理以外かな」

タカヒロ「僕、いつも晩ごはん食べないからいらないです」

タカシ「え？『夕食何食べよっか？』とか、言ってたじゃん」

タカヒロ「あ、それは明日の朝ご飯のことで、みんな僕が晩ごはん食べないの、これだけ一緒にいるからわかってると思ってた」

ゾオジサンさん以外、この項では全員嘘の（誤解を招く）発言をしている。

※人間よりも背丈が低い伝説上の種族。

ラーメンおいしいは嘘。おしっこ出るのも嘘

嘘とは、

①しっかりとした意図と悪意をもって偽《いつわ》りを話す「虚言・ホラ吹き」

②まったく意図しない、ただただ言葉足らずの「誤解を招く発言」

③人を傷つけないために意図的に偽りを話す「偽善」

この項は、②の「誤解を招く発言」としての「嘘」のお話です。結論から先に言うと、自分が一日の中で言葉にしているほとんどが嘘である。つまり、ほとんどの人のほとんどの言葉が嘘であるということです（勝手に俺論。根拠はこれから）。

「今日はめちゃくちゃ寒いですね」

今日がめちゃくちゃ寒いと感じない人にとってはそうなのか？という発言。

「御社のために、しっかり結果を残させていただきます」

うちの会社の100点満点をわかっているのか？　歴史を知ったうえで言っているのか？

そこまで話し込んでないけれど……。

「あそこにできた家系ラーメンが、めちゃくちゃおいしいです」

俺、塩ラーメンが大好きなんで、とんこつ醤油がめちゃくちゃおいしくても、俺にとってはそうでもないと思います。

「さっき、おしっこ出た」

これも嘘。聞く人によってはトイレでしてないんじゃないかと思う人もいれば、しっかりトイレでしてるイメージをする人もいるため。

じゃあ、どう言えばいいの？

と思う人もいるでしょうが、その考えは必要ないです。「私は嘘の発言をしているかもしれない」と思っているだけでいいです。それはなぜか。話が長くなるから。

さっきのラーメンの話を例として紹介しましょう。

――嘘会話編（ライトトーク）――

Ａ「最近のおすすめラーメンある？」

Ｂ「あそこにできた家系ラーメンが、めちゃくちゃおいしいです」

A「ありがとう。今度行ける時に行ってみるわ」

これ、どちらも嘘を言ってます。これをなるべく本来の目的にたどり着くためにする会話として、次に例を挙げます。

―なるべく真実会話編（ヘビートーク）―

A「俺、あっさりした魚介だしで取った塩ラーメンの細麺が大好きで、ほかのジャンルのラーメンはあまり食べないんだけど、Bがおすすめのラーメン屋ってある？　ちなみにおすすめを聞いたところで、そのラーメン屋に行くかどうかはわからないけど」

B「新宿駅の西口のヨドバシカメラ本店のそばに、今年最初くらいにオープンした家系ラーメンがあるんですけど、僕としてはいろいろ家系ラーメンを食べてきた中では、すごいおいしいと感じたラーメンでした。とんこつ醤油だし、太麺で油が少し多いので、Aさんには合わないかもしれませんが、僕のおすすめを聞かれたのでそれだと思いました」

A「わざわざ教えてくれてありがとう。今聞いた感じだとあんまり行く気が湧かないけど、店は覚えたし、ひょっとしたら候補に入ることもあるだろうから、その時は優先して行けるように覚えておくよ」

なんだか長いし。これだけ充実した会話をいつもしていたら疲れますね。こういう時「今日の気温は0度で、昨日より僕は寒く感じます」というように「数字を入れてみたり、何かと比較してみる」と少し短縮されます。

――数字を入れた会話編（ナンバートーク）――

A「個人的に塩ラーメン100点。昔ながらの醤油ラーメン80点。それ以外50点と思ってるけど、何かおすすめのラーメンある？」

B「ヨドバシカメラ本店の20メートルくらい西に、今年1月にオープンした家系ラーメンがあるんですけど、家系1位の僕的に95点でした」

A「おー、じゃあ俺的には50点弱ってところか。イメージ、湧いたわ。家系にしか選択肢ないなら行ってみるわ」

若干短い割には、お互い伝えたいことや聞きたいことが真実に近づいた感じがしますよね。

さて、最初に言ったとおり嘘を言ってるからダメ！ではなく、「基本、誤解を招くような発言をしている可能性が大きい」という点だけ意識するようにしましょう。ずいぶん話す内容が変わってくるかと思います。

「主語は？」とかよく言われる人は、この項は論外なのでまずそこを直してから読み直してください。

この話の中でヘビートークを「よくないもの」「理屈っぽい（屁理屈）」と、とらえている方もいるかもしれませんが、一概にそうではないです。例えば、営業などでクライアントが一番重要なポイントとしてとらえている部分を即座に嗅ぎつけ、今までライトトークやナンバートークをしていたのに、そこにかぎりヘビートークをしますと、トークの質のギャップにより真剣さが伝わり、さまざまな角度からの説明があるので、理解できない内容にはなりません。よって、相手を飽きさせないためのライトトーク、やる時はやるぜのヘビートークを「織り交ぜる」ことにより、屁理屈野郎と思われることはないですね。

僕は「また屁理屈が出た」と言われるくらいのヘビートーカーですけれど、こちらからすると、誤解を招く発言をしまくってるライトトーカーの人に「何を言ってるのかわからない」と言うと喧嘩になるため、広い心で許すように日々過ごしております。

まとめますと……、

この項の話もこの本の内容も全部嘘。
世の中の本も全部嘘。
王将の天津炒飯がおいしいのは本当。

セーブポイント
（本筋とは関係のないひとり言）

トレーに現金を

「現金はトレーに置いてください」

と、まあまあ叱り気味に店員に言われた。

「124円のお釣りです」

と手渡しされた。

理解に努めようとした自分に泣ける。

［ 1 4 ］

落ち着く

Tatsuro's 25 Ways of Thinking

王様の服を脱がすんじゃない

　ナゾナゾオジサンから次の大陸に行くための地図をもらったコウジご一行は、「これ、地図がなかったら絶対わからなかったよね!?」というような道をたどり、海を渡り、マーリネ大陸のガラガラ王国に到着した。

　この王国で何か大きな目的があるわけではないが、城下町の人に現在の国の状況や、魔物が多く生息している場所を聞き出すなど、少しでもヒントになる情報を得るために立ち寄ったのだ。

　城下町の人たちが言うには、「この国は王様のおかげですごい国になりました」「世界一の大国であることに誇りを持ちます」「ほかの国より税金も安いと聞きますし、本当にここに生まれてよかった」とほとんどの人が、国に誇りを持ち、王様にも感謝しているように感じます。

　そんな王様にはなかなか会えないものですが、コウジ一行の活躍や、ガラガラ王国への入国が王様の耳に入り、コウジたちに王様との謁見《えっけん》の機会が設けられました。

　とはいえ、コウジたちだけが特別に呼ばれているわけでなく、招待客は数多くおり、コウジらの後ろにはたくさんの人たちが列を作って、挨拶の順番を待っているのであります。

王様「おー！　よく来たな。俺がロー・エッグ・ライスだ。君たちの噂は聞いている。まあまあ、緊張しないで」

緊張はしていない。緊張しているように見えるのなら、それは今まで見てきた王様より王冠がはるかに長くロゴがでかい。日焼けしすぎで色が黒く、クロコダイルのマントに靴はグッチという、港区マウントでコウジの膝が笑っているだけだ。

王の側近A「ロー様は、あまり多くは語らないが本当にすごい方で、世界に一つしかないどんな炎をも防ぐ『水の盾』をお持ちなのだ。聞いたことないだろ？　そんな盾」

と、玉座の裏からそれを出そうとした。

王様「おいおい、やめろよ～！　そんなものは自慢するもんじゃない」

と口だけでたしなめようとする王様。側近はそれを無視して盾を出し、コウジ一行に5秒ほど見せたあと、玉座の後ろにしまった。

（もらえへんのかい）

とコウジは一瞬思ったが、普通に考えて当たり前なので、グッと飲み込んでこう言った。

「とてもすごい方なのですね。町の人たちもこの国はいい国だとおっしゃってました。僕もいろいろと国を回ってきましたが、住民の人たちがとても楽しそうに過ごしている印象です」

王様「いろいろな国を回ってきたの？　あ、そうなの？」

側近B「それより王様、彼らに世界に散らばる7つのオーブの1つを見せてはいかがでしょう？　ちょっとお持ちしますね」

王様「おいおい、やめろよ～！　そんなものは自慢するもんじゃない」

と口だけでたしなめようとする王様。この感じさっき見た。

側近Bが青色に綺麗に輝くオーブを見せると3秒ほどで裏の倉庫に戻しに行った。この感じもさっき見た。

王様「ニューホテー国の王も持ってるとか言ってるけど、あれは俺がやったみたいなもんだからね」

コウジ以外は気づいていたのだが、王様や、その側近たちの言っていることは嘘だ。それは町に入った時から気づいていた。町の人たちが「世界一の大国」と言っていたのも今まで回ってきた国に比べて、決して勝るようなところも見つけられなかったし、大きさとしても小さな国だ。税金の話を聞いてもほかの国と比べて安いとは言い難《がた》い。そして、謁見してからの態度を見て、

「やっとるな」

とはっきり気づいた。町の人たちが幸福を感じているのはなんとなくわかる。でも伝えられ

ていることは嘘だ。

　この嘘に町の人たちが気づいた時、町の人たちはどういった反応を示すのか。僧侶のタカシは謁見が終わり、王室から出る間際にふと町の人のことが頭をよぎった。

　もともとがこういう人格の王様なのか、側近含む周りの人間たちがヨイショヨイショで王様の服脱がしをして、裸の王様にしてしまったのか？　いずれにしても、双方があとに引けない状況を作っており、この国の未来が心配である。

　王室を出る前に再度挨拶を行おうと玉座のほうに目を向けると、すでに次の謁見が始まっていたので、コウジは耳をすましてみた。

「……の盾をお持ちなのだ。聞いたことないだろ？　そんな盾」

「おいおい、やめろよ～！　そんなものは自慢するもんじゃない」

　もはやパンツすらはいてない、心の公然ワイセツ王だった。


でも、脱がしてるのは周りのやつら。

「叙々苑《じょじょえん》まずい」とか無理するな

嘘とは、

①しっかりとした意図と悪意をもって偽りを話す「虚言・ホラ吹き」
②まったく意図しない、ただただ言葉足らずの「誤解を招く発言」
③人を傷つけないために意図的に偽りを話す「偽善」

ここで話す嘘は、①の「虚言・ホラ吹き」のことを指します。「この人は嘘つきだ」と気づくにはその人と会話をしないと始まりませんので、当然いろいろな人に嘘をつかれてみなさまも育ったことでしょう。当然ご自身も「俺、ご飯20杯は食べれるー！」というようなナノレベルの嘘から「どんーーーな病気にでも効く水2万円で買わない？」というヘクタールレベルの嘘まで何かしら嘘を言ったことがあるかと思います。ちなみに僕はキャバクラのボーイをやっていた時に、暴力団関係者の入店を直接的に断るのが恐ろしくて（なんか空気を察した）、「入店してほしいんですけど、うちの店めちゃくちゃブスばっかりで、こんな男前の人たちに紹介できる状況じゃないです。本当に申し訳ないですが、かわいい子が入ったらまた声かけますので、その時はぜひ！」

と、ＨＰ１００くらいかけた嘘をついたことがあります（久しぶりに思い出した）。

さて、話がそれたうえに、あまり盛り上がるような話題でもなかったですが、嘘をつくのはなぜなのか？という部分についてははっきりさせておきたいと思います。まあ、嘘つきの共通点は、長い人生経験でなんとなくわかっていると思いますが、はっきり言葉にしといたほうがその方の性格も見えてきますので、一応ここで記しておきます。

まず嘘をつく時はどんな時か、どういう得があるのか？

それは真実を言った時に比べて、会話の主導権を握りやすい、偉く見られやすい、相手より立場が優位になるということが多いからです。いくつか例を紹介します。

例1（こういう発言をするやつは嘘つきだという話ではないですよ）

A「この前、久しぶりにプーケット行ってゆっくりできたし、楽しかったー」

X子「あ〜、あそこもう飽きたなあ」

と本当は2、3回しか行ったことがないのに（それでも贅沢《ぜいたく》なのだが）、徹底的に放浪・観光をして遊びつくしたかのような印象を与え、君のやってることは私に比べたら程度の低いことだよと暗に伝えてくる「自称港区女子。パパのお金で海外行ってますが、何か?師匠」。

例2

キャバクラなどの飲み屋で高額な会計伝票を見て、

「安! え……!? 超安くない?」

と、俺はもっとお金の準備をしてたんだぜ、そして普段はもっと高い飲み方をしてるんだぜ!アピールをする「月に1回、早い時間に飲みに行って『忙しいから帰るわ』と言って、そそくさと帰るセミフォーマルなキャバクラ幕府征夷大将軍」。

例3（こんなに例はいらないけど書きたいだけ）

ウルトラの子分「この人、マジすげぇ人だからなー。つき合っといて損ないよ」

ウルトラの親分「おいおい、あんまりみんなの前で言うなよぉ」

と、子分との会話のテンプレを作っておいて、自分から嘘を言わずに人にレビューさせる「食べログのレビューの価値はよくわかっている3分以内で性格を見切られるウルトラさん」。

例を3つ書きましたが、皆、優位に立ちたいという気持ちが強いからつく嘘ですね。さらに紐解《ひもと》くと「自分が優位に立ちたい」＝「他人は優位に立たなくてよい」＝「自分本位」ということになります。

自分本位ということは、仕事をするうえで「必ずどこかで裏切る」という最強のスキルを持っているのでつき合わないほうがいいということがわかります。「嘘つきとつき合うな」というのは当たり前のことなんですが、その本質というのは「そういうやつは自分のことしか考えてないからつき合うな」ということですね。

嘘の見破り方については難しいけど、なんだか自分一人が優位に立つことをよく考える人だなと思えば、それは「嘘つき」と断定してよいとは思います。そう思っておかないと騙された時には遅いので……。最後におまけの実話を（言いたいだけ）。

例1（言いたいだけ）

「好きな焼肉屋さんどこ?」

「んんんん。叙々苑はまずいしなー」

例2（パニック嘘）

おしっこをちびってしまった人が一言、

「あれ？　お湯出た」

例3（下手すぎる嘘）

けっこう辛めのマーボー豆腐を食べて。

「甘っ！」

誠実が一番。

セーブポイント
（本筋とは関係のないひとり言）

あの時

一緒にやって大変だった仕事の思い出話をしている２人。

Ａ「５年前くらいの店のオープンの準備の時、間に合わせないといけないから必死だったよね。疲れて夜中にラーメンめっちゃ食った時さあ……」

ずれ男「あれ、それって６年前じゃなかったっけ？　絶対６年前だよ」

話の論点は夜中のラーメンなのよ！

５年前だろうが６年前だろうが、話はそこじゃねぇ。こういう人、めちゃ多い。

嫌われあげ足取り男爵。

[1 5]

無とゼロの差

Tatsuro's 25 Ways of Thinking

自分たちの町作りをしよう

ポツンと一つ、今いる町の港から見える島がある。そろそろ勇者という称号に興味をもち始めてきたコウジをはじめとしたご一行は、その島に船で上陸しました。

すると、そこには1人の老人の男性の姿が……。ゲームの世界ではよくある話ですが、リアルにこんなことがあると怖いなあと思うこのゲームをプレイしているタダシ君。

コウジはその老人に話しかけてみると、

「おお、何年ぶりに人と話したろうか。俺はタームラというよ。この島にあの町からやってきて3年ほど暮らしているが（じゃあ人と話すのは3年ぶりくらいだろう）、あまりこの島に来る人が少なくてさみしかったんだよ」

コウジはなぜタームラがこの島にいるのか不思議に思い、尋ねると、

「俺はこの島にたくさんの人を誘致して、一つの町にしたいんだ。あなたたちのような世界を回っている人たちにお願いして、個性豊かな町作りを手伝ってほしいと思っている。もしよか

ったら今まで会った人や、これから会う人でそういうことに興味がある人を紹介してくれないか？」

はい
▼いいえ

コウジ「いいえ」
魔法使いタカヒロ「いやなんで？」
コウジ「え、だってやってどうするのよ？　何もできる自信ないよ」
僧侶タカシ「いや、この場合町作りを手伝って、町を大きくしていって、いい武器屋ができたり、ここでしかもらえないアイテムもらったりするんだよ。ドラクエでそういうのやったよ？」
タームラ「コウジさん。手伝ってもらうからといって、こちらから何か責任を負わせたりするつもりもないし、途中で無理だと思ったらやめてもいいから、ぜひ引き受けてくれ」
コウジ「いや、無理無理無理無理無理」
コウジは頑《かたく》なに断りを入れたので、仲間3人はコウジとともに老人から距離をおいて、いっ

たん会議をする。

戦士マサヒコ「なんで無理なの？」

コウジ「そもそもそういう旅じゃないし、僕にできるかどうかわかんないよ。責任も取れないし」

タカシ「責任は取らなくてもいいって言ってくれてるし、町が大きくなればそれこそ、こっちにはいいことがあると思うよ」

タカヒロ「引き受けて悪いことはないんだから」

こういう時のコウジは最初の一歩を踏み出せずにいるのではなく、最初の一歩を踏み出すための場所にも立たないタイプであった。勇者とはなんぞや。世界平和をなんと思っているのか。1人の老人が困っているというのに、前向きに考えようともしないこの態度で、果たして勇者という肩書を将来授けてもよいものなのか。例えば相手がタームラではなく、コウジ好みの若い女性だったらどうだったのか？　さらに50万ゴールドくれる人だったら、どうだったのか？　彼の正義を聞いてみたい。

かれこれ数十分の間、コウジの説得を試みていた仲間3人はもう説得は無理ということで、諦めようとしていた時、4人の体が勝手に動き、タームラのほうへ向かっていき、話しかけた。

「俺はこの島にたくさんの人を誘致して、一つの町にしたいんだ。あなたたちのような世界を回っている人たちにお願いして、個性豊かな町作りを手伝ってほしいと思っている。もしよかったら今まで会った人や、これから会う人でそういうことに興味がある人を紹介してくれないか？」（同じセリフを言うあるある）

▼はい
いいえ

コウジ「はい」

プレイヤーのタダシが選択した、

4人の意思とは……。

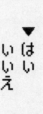

自分たちのゼロ作りをしよう

自分は、誰も思いつかないような発想が出ないとか、誰かが作ったものであればそれを発展させていくことはできるとか勝手に身の丈を誤っている場合があります。

「Aさんって、ゼロイチの発想（ゼロからモノ作りやアイデアを生む）が多くできてすごいよね」

とか言って、「Aさんの評価できてる私ってどう？」的な立ち位置で満足しちゃってるそこの君！の友だち！

そういうゼロから物事を考える発想を「すごい」とか、「特殊な才能」と言う人がいますが、個人的には、その人がすごいとかではなく、それをできない人が「すごくない」「平凡未満」と考えます。

これは「ゼロ＝無」という考えからこのような事態が生まれていると考えていて、この論理でたとえていいますと、

「ゼロからあの発想が出るとはすごい」から、

「無からあの発想が出るとはすごい」

というように変換して、何もないところからあたかも発想が舞い降りた天才音楽家のような扱いをしていることが原因と考えます（絶対そう思う）。

ゼロは、まわりに数字があるからゼロであり、無とは、まわりに数字がないから無です。

これを考え方でいうと「無の人」は何も考えてない人。「ゼロイチの発想ができる人」は日々の些細な出来事に対しても意味を考え、

「これは、ああいうふうにしたら便利なのに（ゼロの誕生）」

「まあ、でも無理か（1に進もうとしたが消失）」

というふうに誰にも気づかれてないけど、頭の中でめちゃくちゃたくさんのゼロを生んでます。表面的には、無の人とゼロを生む人は何も変わらないです。でも1日10以上のゼロを生み、それを1年通してやっと1つか2つ（もっとの人もいる）、

「こういうの、いいと思うからやってみない？」

というわけです。それを簡単に、

「この人天才だわ。すごいわ」

で片付けられると、本当に気持ちが片付いてしまうので、あまりそういう評価はしないほうがいいと思います。そんなことより、自分の考えてなさ具合に劣等感を持ち、すごく些細なこ

とでも何かしら疑問に思ったりする癖をつけてみてはどうでしょうか。

タバコを買いに行こうと思い、ローソンに行ったついでにコーヒーを手に取る。レジの列に並ぶ。その間に「からあげクンもついでに買おう」と思い、何味にするか考える。やっとレジが回ってきた。

「ええっと、からあげクンのレッドと、(タバコの)45番ください」

「袋はいりますか?」

「あ、ください」

「お会計909円になります」

この一連の流れにおいて、「無の人」はいつもの出来事で終わる。「ゼロを生む人」は、

「コーヒー買っちゃったな。タバコをまとめ買いしてたら、こういうことはないな」

「この時間にレジが混むのわかってるのに、店員少なかったな。セルフレジとか置けばいいのに」

「からあげクンのレッドも買っちゃったな。これもよくないな。1個増量中だったから、買っちゃったのか!」

「っていうか、『からあげクン』は『からあげくん』じゃないのは、なんでだ?『からあげ君』でもよさそうだな。あとで調べよう」

「タバコの番号制度は、なぜできたんだろう？　店員さんが銘柄を覚えにくいからかな？　それなら確かに効率はいいけど、レジから番号、見えにくいな。なんかもっと効率的な方法はないかな？」

「そもそも、『ポテトチップスありますか？』って聞いたら教えてくれるのに、タバコの銘柄を言ったら、『番号でお願いします』ってなぜ？」

という感じで、仕事につながらないことやつながること、玉石混淆《ぎょくせきこんこう》でたくさんのことを考えます。

こういうコンビニでの出来事を雑談の時に話したりすると、「細かい！」と言われ、得てして仕事上こういう発想を展開すると、「すごい」と言われるわけですが、「考えて考えて考え抜く」ことをしているからこそ、本当はすごくないのに、「すごい」と言われる発想がたまーにあったりするだけです。

野球でいうところの、３００回打席に立ってヒットを2本くらい打ってるだけ。「無」の人は打席に立たないだけ。

ときどき、「無」の人に、

「何かアイデアある？」

とか聞くと、

「いやあ、思いつかないですね。Aさんのアイデアがいいと思います」

と言って、本当はアイデアがあるんだけど、Aさんのアイデアより稚拙なことが恥ずかしいから言わない人がいますが、これは普段から何も考えてないから流用できるアイデアの引き出しがないだけ。そして、恥ずかしいと思うから打席にも立てない。

そんな人に「そのアイデア、いいと思います」ってな感じで同調されても、こっちの本音は、

「一緒の考えの感じにされたくないんですけど？」

ちなみに、「からあげクン」の「クン」は、漫画『かりあげクン』のクンがカタカナだったので、からあげクンになったそうです。

セーブポイント
（本筋とは関係のないひとり言）

東京の人は

決めつけおじさん「東京の人は（心が）冷たいでしょ」

って最近は減ったけど、まだ言われる時がある。

「めっちゃやさしい人、いっぱいいますよ」

[1 6]

祇《ぎ》園《おん》精《しょう》舎《じゃ》の鐘の声

Tatsuro's 25 Ways of Thinking

とにかく敵が多い

町作りの件で自分の器《うつわ》の小ささに気づいたコウジは、比較的おとなしくなり足取りも重かった。だが、自分を含めて仲間たちのレベルも大層上がり、出会うモンスター出会うモンスターを次々となぎ倒すくらい、強くなっていた（これはもう、物語も終盤か？）。

町から町への移動。そして道中にモンスターと出会って戦う。そしてまた町から町へ。その道中で戦う……の繰り返しだったが、皆、勢いづいていた。

とある町で休息したあと、次の町までも比較的遠くはないということなので、準備もそこそこに町を出た瞬間、すぐにモンスターと遭遇した。よく出会うモンスターなので、うまく倒し、次の一歩を踏み出したところでまた出会う。そして倒して、また出会う。そしてまた……。モンスターの大行列3時間待ち、USJのユニバーサル・エクスプレス・パスなし状態。

「こんなことめったにないよ！　いつもと違うよ！　やばいよ！」

モンスター出るタイミング、諸行《しょぎょう》無《む》常《じょう》の響きあり。

さすがに勢いづいている4人も、これだけのモンスターと戦うのは無理だった。懸命に戦い、なんとかしようとするが、回復呪文も使いすぎてMP切れ。手持ちの薬草もなく、回復の術《すべ》を失い、めずらしく4人とも全滅して、以前にセーブされたガラガラタ王国に戻ってしまった。

戦いにも自信がつき始めた4人があっさり全滅してしまったことで、気持ちは落ち込み、元気なく。仲間みんなの顔の色、盛者必衰《じょうしゃひっすい》の理《ことわり》をあらは（わ）す。

とにかく、この傷を癒やすために宿屋に宿泊してしっかり回復をしないといけないので、いったん宿屋で宿泊の手続きをします。ちなみに、ドラクエなどで宿屋に宿泊する時、必ず部屋が空いてるのは誰かがブラックカードを持ってる説あり（いや、なし）。

翌朝、傷は癒えたものの、ボコボコにされたことで気持ちがまったく前向きにならない4人。とはいえ、旅を続けなくてはいけない状況で、一晩寝ずに考えた戦士マサヒコがこう言った。

「今悩んでいるのは、いつも大体同じ感じのことが起きると思っている俺らが悪かったんだということ。モンスターがいっぱい来るとか全然来ないとか、できるかぎり、たくさんのことを考えておかないと」

そうなんです、いいこと言った。この世で起こるすべてのことは、絶えず変化していく諸行無常なのです。ボコボコにされた原因はおまえらのせいなのです。それを、天災が起こったかのように気持ちを衰えさせてはいけません。頑張れ、おまえら。

残りの3人も、マサヒコの言ったことをしっかり理解し、昨日のようなことがあってはいけないということで、たっぷりの薬草を買った。また回復の呪文を使いすぎてMPが減らないように、MPが回復するアイテムである魔法の瓶も大量購入。これで今できる準備は万端だ。

さて、このガラガラタ王国にはあの嘘つき王様がおりまして、せっかくならこの国を出る前に、面白5分の4で（面白半分以上の意。ウィキペディアには載ってないです）、久しぶりにあの心の公然ワイセツ王ロー・エッグ・ライスに会おうと謁見願を提出した。すると受付が、

「前の王は失墜し、今は国民に選ばれた新国王になっております。よって。ロー・エッグ・ライスに会うことはできません」

なんと。この短い間に何があったのか。びっくりしているものの、ほぼほぼ笑っている4人が町の人に聞いていくと、

「世界一の大国と言っていたのは嘘なのよ」

「税金安いのも、ほかの国の人に聞いたら、めちゃくちゃ嘘でした」

「水の盾とか言って自慢してたやつも、ノベルティグッズが作れるアプリで作ったやつなのよ」

と、けっこういろいろ嘘がバレたよう。せっかく就いた王の座も、唯《ただ》春の夜《よ》の夢の如し。

4人は嘘つきにはなるまいと改めて誓い、さあ冒険の続きに出発。

コウジ「昨日みたいに敵があんまり出てこないかもしれないけど、これからいっぱい出てくるかもしれない覚悟はしておこう」

タカヒロ「そうですね。気をつけて行きましょう」

いつもよりも気を引き締めながら、4人は歩く。何が起こるかわからない。もう大丈夫。たくさんモンスターが出てきても、今できる準備はしっかりできているんだ。と言いつつ、「出るなよ、出るなよ」という邪念と、この流れはあんまりモンスターが出てこないパターンのはず、という勝手な期待とがまとわりつく。

結果、またまた大量のモンスターが出てきて、ボコボコにされた挙げ句に全員瀕死になって、ガラガラタ王国に戻され、4人ともまた憔悴《しょうすい》してしまった。

教訓――邪念と期待も一切捨てよう。

ちなみに、またまたガラガラタ王国の国王は変わっていました。

偏《ひとえ》に風の前の塵《ちり》に同じ。

そういう雰囲気じゃなかったんですよね

っていうやつ、いませんか？　……いませんか。では、違う話をします。

メールや電話対応をしている人、デザインをしている人、営業をしている人、みなさんそれぞれある程度やることが想定されていると思います。例えばメール対応をしている人でいうと、新規のお客様や顧客からのお問い合わせ対応をするという日常が考えられます。そして、この仕事にとって嫌なことがあるとするならば、「クレームが来た！」時や「対応の数がすごく多い」時だと思います。

「やだなあ、クレーム」「めちゃくちゃ怒鳴《どな》られて、気が落ちる」「いつもより対応数が多い！しんどい」などなど、思ったり愚痴《ぐち》ったりすることはありませんか？　ない人はこの項を飛ばしてください。

さて、「やだなあ」とか「しんどい」と思うのって、楽な日に比べて大変なことがあったから思うだけで、そもそも、自分がやる仕事の平均を勝手に低く決めて、「大体毎日、同じことが起きる。つらいことは起きない前提」で過ごしているから、想定してないことが起きるとビックリするわけです。まずこういう気持ちになってしまうと、自分の精神にもよくないですし、仕事に対して臆病になってしまいます。

このような気持ちの落ち方をある程度回避するのはとても簡単で、

「毎日同じことが起こるなんてあり得ない」

と思えばいいだけです。

朝起きて、コンビニで買ったいつもの玉子サンドを食べて、「えー!? いつもより玉子が少ないー！」とか思わず、まったく同じ仕上がりの商品は、絶対にないと思えばいい。

通勤電車に乗って、「いつものあのイケメンクン（からあげクンと一緒の方式）がいない」って思うのではなく、「そりゃ、全員が毎日同じ動きしねぇよな」と思えばいい。

こういうふうに仕事においても、「今日、何があるかわからないな」という気持ちを持ち、「大変な1日になるかもしれない」という、期待をしない考え。そして、「何が起きても、それはそれ」という無垢《むく》な気持ちになることで、覚悟というものが生まれます。この覚悟があるだけで「クレームが来た！」となっても「まーあるよね」となるでしょうし、そのクレームが終わったとしても「次もこういうことがあるかもしれない」と期待しない考えを持っていれば連続クレームだったとしても、何の覚悟もない人に比べれば、それなりに気持ちは保てます。

逆に、覚悟のない人は「頭がいっぱいいっぱいだ」とか言って、仕事の継続が難しくなりますよね。

営業などで「話をこういうふうに持っていきたい」「まずは場の空気を和《なご》ませてから、本題に取りかかる」などの大枠の作戦を練って、いざ商談を開始すると、出だしから思いどおりにならず、自分がしたい会話に全然ならなくて、あえなく撃沈してしまった経験も少なからずあるかと思います。この商談の報告を上司にして、なぜうまくいかなかったのかと問われた時に、

「そういう雰囲気じゃなかったんですよね」

っていうやつがいます。ほら！　やっぱりいた!!

この回答にかぎらず、明確に答えられなかったり、短い文章でしか言いわけができない人は、一辺倒《いっぺんとう》な考えでしか営業していないため、理由が見つからず、抽象的な説明をするわけです。よって、これも先の考え方とほぼ同じで、

「営業先でどういう会話になるかわからない。いつもと違う会話になることもあるだろう」と考えてください。一生懸命、5時間かけて作った資料を持っていても、最悪、資料で説明する必要はないかもしれないくらいまで、思っておいたほうがいいです。

また、相手方との会話も「口うるさい人」「すごく細かい人」「早口でこちらの話に割って入

る人」「あげ足をめちゃくちゃ取ってくる人」など、いろいろ想定して、寝る前や通勤電車の中でいいので、たくさんシャドウディスカッション（空想の人物を作って会話する）することをおすすめします。こんなものは毎日できるので、毎日やったほうがいいです。とはいえ、YouTubeを観たり、ゲームをしたりしてもいいです。

普段から、社内などでロールプレイングできる環境があるならいいですが、メンバーもかぎられているため、「一定のところ」までは成長できるとは思いますが、「想定外」を考えるとシャドウディスカッションはとても役立つと思います。

「あの人は会話がうまいから」とか「会話の返しがうまい」というのは天性のものではなくて、こういう日々の「こう来たら、こう返す。こういう空気なら、いったんこうする」みたいに、引き出しにたくさんシャドウディスカッションやロールプレイングで手に入れたネタを持っているからです。会話力は一定の水準までは努力で高められます。一度、身近な人を相手に空想でやってみてください。めちゃくちゃ効果ありますから。

ちなみに僕は、その日10個面白い話をして9個ウケたとしても、1個スベっただけで、「あの時はこう言うべきだったか？　いや、こうだな。いや、その前にああいうふうに言っておけばよかったんだ。もうちょっとテンポよく……」

など、小一時間悩みます。これを悩まなくなってしまうと、どんどん脳も会話も衰え、「こういう自分でありたい」という自分から遠ざかっていくようで怖いのです。でも、いつかはそうなる。

偏に風の前の塵に同じ。

セーブポイント
（本筋とは関係のないひとり言）

おかけになってお待ちください

ショッピングをして、お会計を待つ時などに、

「おかけになってお待ちください」

と言われ、あまり腰を下ろすのが好きじゃないため、立ったまま商品を見ていると、大体、

「あ、こちらにおかけになってお待ちください」

と（「椅子の場所、わかってねぇよこいつ」と思われてるのか）２度言われる。

なんでもそうですけど、

「もしよろしければ……」

をつけてほしい。

［ 1 7 ］

ちょっと考えれば もっと頑張れる

Tatsuro's 25 Ways of Thinking

ちょっと マッチョ

最近出るモンスターにボコボコにされることに慣れたわけではないが、「こういうこともある」という覚悟で気落ちすることもなく、「まだまだ自分たちの力が足りないんだ」と身の丈を知ることで、今、十分に戦えるモンスターを倒し、成長していっている（勇者にまだまだなりきれてない）コウジ一行。

以前よりもずいぶん成長していることを実感してきたので、そろそろかつて負けまくったモンスターたちがいるところに行って、旅を進めてもいいのではないか？という話になりました。

魔法使いタカヒロ「とはいっても、もう少し余裕が持てるように、お金も貯まったことですし、新しい武器でも買いませんか？」

戦士マサヒコ「それはいいね。行こう、行こう」

戦士は買うものが多いから、こういう時はテンションが高い。

さて、どこの町の武器屋に行こうか。今まで行った町だと、どんな武器が売っているかわかっているし、今必要なものは置いてなさそうだ。

僧侶タカシ「自分たちとタームラで作っている町に、久しぶりに行ってみない？」

コウジ「お、いいね！　行こう」

4人は、以前に「一緒に町を作ってくれないか」と言ってくれたタームラのいる島に、久しぶりに行ってみた。島には旅の中で出会ったたくさんの人を紹介していたが、初めて会ったあの日以来、行ってなかったのだ（たまには行けよ）。

島に到着すると、以前の森林の風景とはまったく違い、自然も残しつつ一つの大きな町ができていた。もはや町を作った張本人タームラがどこにいるかもわからない。町をウロウロしていると「超レア武器屋」という武器屋を発見した。店主らしき人に話しかけると、

「こんにちは！　僕はミノールといいます。うちは世界中を歩き回ってもなかなか手に入らない武器ばっかり揃えてます。ぜひ見ていってください」

すごく感じがいい人だ。コウジはそう思いながらお店を物色していると、2本の同じめずらしい形をしている剣が置いてある。それが気になって、店主に尋ねた。

コウジ「めずらしい剣が2本あるのは、どういうことですか？」

ミノール「これは二刀流用の剣です。1本でも十分強いのですが、軽い剣だから振りやすいので2本使って攻撃性を高められるんです」

コウジ「二刀流か。めっちゃかっこいいじゃないですか！　買います」

コウジは武器屋で世にもめずらしい（という設定の）剣を買い、皆の購買意欲を無視して、
「ちょっと戦いに行こう！」
と言った。この流れ上、仲間3人は「なんか嫌なことは起こるだろうな」と一応覚悟する。
町から出て、モンスターが現れるまでフラフラする。ナンパするのと、モンスターを探すのは大体同じ行動だ。しばらくフラフラしているとグリズリー（モンスターではなく獣。魔王の手先でもなんでもない）が現れた。やっと二刀流を試す時の到来だ。

コウジ「必殺『剣の舞』だ……！」

いつも1本でやってるうえ、かれこれ3カ月ぶりくらいに使ったのでモタモタした。
グリズリーが、カウンターでパンチを出してきた。

コウジ「盾がない！」

痛恨の一撃を食らった。コウジが瀕死状態になったため、仲間3人はその場から逃げていったんターームラの町に戻り、コウジを回復させた。

コウジ「盾がないから、防げなかったんだよ〜」

タカヒロ「ちょっと考えたらわかるでしょ！」

コウジ「ごめーん。剣の2本使いは全然やってこなかったから、1本に戻して左手は盾を持つようにします……」

皆に謝りつつ、改めて町で買い物の続きをすることになった。
戦士マサヒコは先ほどの武器商人ミノールがいるお店に行き、はるか昔、今はなき巨人族の戦士が使っていたとされる、おすすめの「巨人の斧」を検討する。ミノールが斧を手に取り、
「こういうふうに振り回すと電気が発生して、モンスターは痺《しび》れるんですよ」
と説明してくれた。

マサヒコ「すごいじゃないですか。買います！」

購入後すぐに防具屋で物色している3人に駆け寄ったマサヒコは自慢するために、
「この斧はね、こういうふうに振り回すと……」
と振り回そうとすると、重たすぎて持ち上がらなかった。

タカシ「え、買った時に重たいのわからなかった？」

マサヒコ「重いのはわかってたけど、ミノールさんも簡単に振り回してたから、何かコツがあるのかなと……」

タカヒロ「あの人、かなりマッチョだから持てるんですよ。ちょっと考えたらわかるでしょ」

〝ちょっとマッチョ〟のマサヒコは、
〝めっちゃマッチョ〟になることを決断し、

「『きっとマッチョ』になれるよ」と、コウジに声をかけてもらうのであった。

後世の記録には「ずっとめっちゃマッチョにはなれなかった」との記述がある。

ほんとちょっと

デパートや、洋服屋さん巡りをしている時に、

「あ！　このジャケット、私の好きな色でかわいい」

と店に入って、試着をしてみることがありますよね（絶対ある！）。

そういう時、一度は出くわしたことのある出来事として、

「試着してみていいですか？」

と試着を試みるも、サイズ感がどうも違う。タイトすぎて動きづらい。そこで店員に、

「これより少し大きめのサイズがありますか？」

と聞いたあとに事件が起こる。

店員「今お客様がお試しになった赤のジャケットは、このサイズだけしかないので、緑のものを持ってきました」

「いや、赤がいいんですけど！　ちょっと考えたらわかるでしょ」

と、心の中で思うか思わないかくらいのタイミングで、

店員「緑も絶対、お似合いですよねぇ」

とか言ってくる。ファッションをわかっている店員がトータルコーディネートをできないはずもなく、赤と緑が変わるだけで、どれだけ変わるかはわかるはず。もしこれで、「あ、確かに緑もいいね」と買っちゃう人は、別でそれに合うアイテムも後々購入する羽目に。もしくは、そういう買い物が多すぎて、家にアイテムが溢れているから何かと合わせられるけど、これはお金持ち向けのやりくりです。

さて、あなたが店員側だったとして、

「赤はないけど、緑がありますよ」

って言った時に、お客様が、

「いいですねぇ。それ、買います！」

の確率が相当高いと思いますか？　ちょっと考えたらわかりますが、お客様は「それを嫌がる人」「受け入れる人」「検討できる人」には最低でも分かれるわけで、これらのパターンのどれでもいいような会話を心がけることが、大事なのではないでしょうか。

売らないといけない！が優先して、脳死状態&時間節約の会話は短絡的で強引になってしまい、多くの人に嫌われます。再来店不可です。恥ず！

その商品が購入される可能性が低かったとしても、その人の考えていることを読み取れるよう「ちょっと考えた会話」をしていけば、機嫌を損なうような会話にはめったにならないし、もし気に入ってもらえたら、再来店していただけることもあります。

この「ちょっと考える」という行為。どのように考えるか？というところまで掘りますと、答えは簡単、「相手の立場になって考える」という小学校1年生で教えてもらうことですね。

ここまで読んでいただいているので、言わずもがな。

美容室に行ってシャンプーをしてもらっている時に、

「痒《かゆ》いところ、ないですか？」

って聞かれる時があります。痒いところがあったとして、手足および目がふさがっている状態で痒いところを説明するためには、相当な言い回しが必要なうえ、ストレスがかかります。痒いところを掻《か》いてもらっても、精神が疲れます。ちょっと考えたらわかるやろ。

「流し足りないところないですか？」

って、聞かれることもあります。そもそも、見えないし、あなたのほうがよく見えてるでしょ。僕がちょっと起き上がって、目を開けて前の鏡を見ながら、手鏡で後頭部のほうも合わせて確認して、

「流し足りないところはないです」

って言わないといけないのか？　ちょっと考えたらわかるやろ。

新幹線のグリーン車の話。グリーン車は通路を挟んで左右に2席ずつあります。1列で4席の「通路側と窓側」。グリーン車にかぎらずですが、新幹線に乗ったことがある人ならよく見かける光景で、窓側に座って通路側の席に荷物を置くやつ。そして、極めつきはでかいスーツケースを通路側の席の前に置くビジネスマンっぽいおっさん（ちなみに、僕もおっさん）。ここまでの説明だけで想像できることは「通路側、座る人がいるかもしれないのに迷惑じゃん」でして、「ちょっと考えたらわかるやろ」案件なのですが、いったんそれは「阿保の所業」として置いといて、今回は別のバカタレの話をします。

そのバカタレは、タバコを吸いに行くために席を立とうとします。通路に出るためには、スーツケースを通路側席に置いてるため、それをズボンが破れそうになるくらい大股でまたいで通路に出るわけです。その瞬間、電車が揺れたりするとフラつく始末。そして、タバコを吸い終わって帰ってくる時には、また同じようにまたぐ。尿意をもよおし、また席を立ち、スーツケースをまたぐ（漏れるぞ）。そしてすっきりして、トイレから戻ってきて、またまたスーツケースをまたぐ。もうこれは「ちょっと考える」どころではありません。

「仮に通路側の席が空いていて、1人で2席独占したとしても、窓側に荷物を置いて、おまえは通路側に座れ。1ミリ考えたらわかるやろ。こんなやつに何の仕事ができるのよ？」

といつも思っている僕。

というように、さまざまな人たちに悪態をついて不快な思いをさせてしまい、「そんなつもりはなかった」とあとで言う僕に対しても、「ちょっと考えたらわかるやろ」と言ってあげたい。

セーブポイント
（本筋とは関係のないひとり言）

多くも少なくも

1000円多くもらった時は何も言わない人にかぎって、１円少なくもらってる時はめっちゃ言ってくる。

こっちのトータル999円の損。

[18]

すべての行いを言葉に記して

Tatsuro's 25 Ways of Thinking

2つ じゃなくて 3つにする 意味

まずは、この章で出てくる呪文の解説をしておきます。

メラメラ　初級の炎の呪文
メラメラミ　中級の炎の呪文
メラメラゾマ　上級の炎の呪文。並の人間は燃え盛るメラメラ（初級）の20倍の威力

タームラの町（自分たちで作った町）では、格闘技場というものが存在している。モンスターはギリ倒せるけど、魔王や中ボスレベルに挑むほど腕のないアマ戦士や草魔法使い、丘武闘家などがこぞって腕を競うのであった。勇者っぽいコウジは、この大会にはさほど興味を示さなかったのだが、魔法使いのタカヒロがとても興味を示し、自分も出場したいと言い出した。

戦士マサヒコ「え！　そういうタイプ？　なんで？」

タカヒロ「この本の中であまり目立ってないので、今回を逃すと、なかなか長文で紹介されないかなと思って」

僧侶タカシ「やってみよう。応援する」

大会は勝ち抜き戦であり、10人連続で勝ち抜くと格闘技場の受付にチェキで撮った達成者の写真が飾られ、副賞でドレミファなんとかさん寄贈の「天才の剣」がもらえるのである。出場している人たちのほとんどは男性で、比較的女性は少ないように見える。この大会に出ている男性たちを一目見ようと、観客の半分以上が女性なのも特徴だ。

タカヒロは自分のわがままで出場するため、以前タカシにもらった「俺のパンツ」を売却して、それをエントリー代金とした。

レフェリー「勝者カンダタタターーー！　続いての挑戦者は魔法使いタカヒローーーーー！」

コウジ「え？　カンダタタ（かなり前の72ページ参照）がいるの？」

タカシ「いるね。もう会えないと思ってたのに。リベンジのチャンスだね。今のタカヒロならあの時より超強くなってるから、全然大丈夫なはずだよ」

試合は始まった。カンダタタは屈強（いわゆるマッチョ）な体格だが、呪文の使い手でもある。以前戦ってそれは覚えている。タカヒロはカンダタタの呪文に耐え、雷の呪文や風の呪文を使ってカンダタタを追い詰めていく。雷で体が痺れまくり、風に切り刻まれ体が傷だらけのカンダタタ。まったくタカヒロに歯が立たない。もうあとはデコピン一発で勝負が終わる状態だ。マスクで表情は読み取れないが、おびえているようにも見える。そして新進気鋭の魔法使

いに向けて、観客席の女性たちから「タカヒロコール」が生まれる。

タカヒロ「メラメラゾマ！」

ほぼ全員「……!!」

カンダタタは燃えまくっている。大丈夫か？

レフェリー「試合終了！　勝者タカヒロ！」

燃えるカンダタタは、医療スタッフによってすぐに消火され、医務室へ運ばれていった。

コウジ「もうダメダメ、棄権です。すぐにカンダタタに謝りに行こう」

タカシ「なんで最後にあんな強い呪文使っちゃうの？　メラメラでよかったでしょ？　自分の行動を考えてやってる？」

マサヒコ「今なんでこういうことをしようとしたか？とかしっかり意味を考えないと、一生意味がわからず、こういうことするぞ」

めちゃくちゃ怒られるタカヒロ。今までガムシャラに戦ってきただけで、自分がとっている行動に意味を持たせてなかったのである。「なんで？」と聞かれれば、はっきり答えられるけど、聞かれないとあまりよくわかってないのか？　よくよく思い返すと、最後の呪文も「タカヒロコール」があったからちょっとカッコつけて自慢のやつを出しただけ。特にそれ以外の意味はない。

タカヒロ「反省いたします……」

タカシ「これからは自分のとってる行動や、これからとる行動に『なんで？』って問いかけたほうがいいよ」

マサヒコ「薬草3つ買おうと思ってる時も、『なんで3つ？　2つや4つはダメ？』とかさ。思ったり言ったりすることは大事だぞ」

タカヒロ「わかりました。カンダタタさんにとりあえず謝ってきます」

自分の行動に「なぜ？」を意識しろと言われたタカヒロは、なぜカンダタタに謝りに行くのか考える。

「ああそうか、自分がやりすぎたうえ燃やしてしまったのに、挨拶なしに帰ると、逆の立場ならすげぇ腹が立つな」（よくできました）

医務室に入りカンダタタを探す。マスクを被っている人がいない。スタッフに聞くと、マスクは焼けてなくなってしまったらしい。スタッフがカンダタタを呼ぶ。

「カンダタタさーん」

体が焦《こ》げている男が振り向くと、その男は武器屋のミノールだった。

丸焦げの借りがあるためタカヒロはクリアするまで内緒の契りを交わしたとさ（確かにミノールは、かなりマッチョだったもんねぇ）。

教科書だらけの毎日と世界

夜、会社のみんなと、帰りに食事に行く約束をし、「今日は、何食べよう」と考える。

「昨日は中華、一昨日《おととい》は和食を食べたから、今日は最近行ってないパスタにしない？」

「今日はパスタ。『なぜなら』昨日は中華、一昨日は和食を食べてそれ以外にしたいから」

これを基本とし、話を進めていきます。

オフィスを出て店を探していると、なんだか外観だけでもおいしそうなパスタ屋発見。そこにしようということで入店します。

A「けっこう、メニューあるね」

B子「私は、お店おすすめの『ローマ風グルテンフリーカルボナーラ』」

自分「じゃあ僕は、『ブロッコリーとエビのクリームパスタ』」

A「僕も、『ブロッコリーとエビのクリームパスタ』」

さてさて、せっかく今日の夕食を決める時に「なんで、パスタにしたか」という理由が語られていたのに、選んだメニューについては、なんでそれを考えないのでしょう。大枠が決まればそれで満足なんでしょうか。もし自分がパスタ屋さんを開店するとしたら、その理由は、「パスタが流行《はや》っているし、周辺にないからやろう」で、思考は終わりなのでしょうか。

深く考えない人の場合、「おいしかったね。ごちそうさま～。意外と安いし、また来ようね」とかで終わっちゃうのかと思いますが、よく考える人の場合、どのようなところまで考えているのか？

まず、オフィスから出てパスタ屋さんを発見する。

『なぜ』今このお店が目についたのか？」

「（なぜなら）周辺のお店の看板とは違う色を使い、映《バ》える配色をしているからではないか？」

おいしそうなパスタ屋さんという印象を抱く。

『なぜ』食べてもないのにおいしそうと思ったのか？」

「（なぜなら）レンガ作り、かつカラフルな外観で、イタリアっぽさをイメージさせてくれたからではないか？」

ローマ風グルテンフリーカルボナーラを選んだB子ちゃん。

『なぜ』これを選んだのか？」

「（なぜなら）普通のパスタもあるのに、グルテンフリーを選んだのはアレルギーだからか、体に気を遣っているから？　ローマ風という部分が気になったから？　その両方？」

なぜ僕は、ブロッコリーとエビのクリームパスタを注文したか？

「（なぜなら）カルボナーラを食べたかったが、B子ちゃんが頼んだので、せっかくなら違うものにしてみようと思ったから。でもクリーム系が食べたかったから」

「『なぜ』Aは僕と同じパスタを選んだのか？」

「（なぜなら）メニューの文字が読みにくいうえに、たくさんありすぎて面倒くさくなったのでは？　彼もクリーム系ならなんでもいいのか？　もしくはエビ好き」

というふうにかなり端折《はしょ》ってますけど、こんな感じで考えたりします。もっと言うと、

「なんでこれくらいの値段なのか？」

「スタッフは少ないけどオペレーションが不快ではない。なんでか？」

「季節のパスタって何であるの？　あまり頼んでいる人、いないけど……。どこのお店でもあるのはなぜ？」

などなど。考えれば考えるほど「なぜ」は出てきます。もうパスタなんてフォークで巻いてる暇はありません。いや、あります。

今日着る服が決まった時に、

「なんでこれにしたんだろう？　あ、そうかデートだからか。デートの時はAかBしか着ない

な」

と考えられるようになったとすると、

「デートの時はAとBが多いということなら、たまにはCでも着て行こう」

という行動がとれるようになります。これはプライベートな部分でしょうけど、仕事でいうと、

「なんで同じような営業がたくさん来た中で、俺はこの会社を選んだんだろう?」

「(なぜなら)資料を見ながら淡々と話さず、自分の言葉に置き換えてわかりやすく説明してくれたからだ! こういう信用できそうな人に俺もなろう」

これは自分が営業する側になった時、一つの参考になります。

「買う予定なかったのに、なんでこのゲームソフト買っちゃったんだろう?」

「(なぜなら)当初買おうかなあ?と悩んでいた人気ソフトより陳列の数が多く、ビジュアルもそこそこだったので、買っちゃった」

これは店頭で売る側になった時に一つの参考になります。

このように「なぜ」という疑問から「なぜなら(仮定でいい。複数あればめっちゃいい)」という形で、「(すべての行為の理由を)言葉にする」という作業を日々繰り返すことで、「いずれどこかで使える武器」になります。それが1000個溜まったとして、人生の中で10個くらい

しか使うことがないかもしれないけれど、その10個はとんでもない勝負所で使うことが多いです。お金を使って強引に状況を打破できないわれわれ（としておく。資産100億円以上の人は読んでいないという前提）にとっては、このちょっとした「知恵」がとても大事なので、ぜひ習慣にしてください。

なんだかこういうふうに細かく考えたりするのは面倒だ！とか言う人がいますが、筋トレするより楽だし、丁寧に歯みがきするより楽だし、

「誕生日何がほしい？」

「なんでもいい」

という国士無双の難解よりはるかに楽です。そして自分の思考の経路がわかってくるので楽しい。いいことずくめ。

ところでB子ちゃんに、

「なんでローマ風グルテンフリーカルボナーラにしたの？」

って聞くと、

「マジでなんとなく」

と言われました。

推測がめちゃくちゃ間違っていることもある。

セーブポイント
（本筋とは関係のないひとり言）

分け方よ

アベレージ先生「この考え方はね、大きく分けて２つあります」

って、一番大きく分けたら２つなのよ。

なので２つの場合は、

「まず２つに分かれます」とかにしてください。

３つ以上に分けるところから、「大きく分けて」と使ってほしい。

涙出ちゃう。

[19]

フランスパンは誰のもの？

Tatsuro's 25 Ways of Thinking

地獄の鎧はこっちだけの話

格闘技大会で考え方の浅はかさに気づいた魔法使いのタカヒロ。自分のとっている行動すべてに意味を持たせ、「言葉にする」癖をつけようと意識し始めた。

「今あっちの方向に歩いてるのは、武器屋に行こうと思っているからだ」

「今こういう考えごとをしているのは、経験や仮説として蓄積されるからだ」

「右足を前に出したのは、さっき左足を出したからだ。左足を出したそのあと、左足を出したら歩きにくいもんね」

まだ時間がかかりそうだが、大丈夫そうだ。

さて、武器屋に行く理由だが、格闘技大会で知ってしまったカンダタタの正体が武器屋のミノールであったことから、町を出る前に挨拶だけでもと思い、立ち寄ることにしたからである。そもそも盗賊であった彼が、本当にカタギになっているかも気になるところ。

タカヒロ「やあ……」

ミノール「あーー……」

タカヒロ「昨日のことは誰にも言ってないから」
ミノールは表情が崩れた。仲間たちに自分の正体を言われて、何かしらの報復を恐れていたようですね。今はしっかり足を洗って、過去に盗んだものもこっそり手紙と一緒に返したらしい。
ミノール「タカヒロさんとは同じ魔法使いで縁を感じるし、何かの役に立つかもしれないから、僕のオニマグマの呪文を教えてあげるよ」
あの時、めちゃくちゃにやられたオニマグマの呪文を教えてもらうことになった。
タカヒロ「おおお!!　なるほど。右手を上にまっすぐ挙げて、左手で右太ももをギュッとつかんで、左膝を地面につけて『どう～ですか～！』と叫ぶんだね。これは誰も思いつかないですね。ありがとうございます!!」
ミノール「あと、（勇者候補）コウジさんが買った二刀流の剣は必ず使いこなせるようになったほうがいいですよ。あれは伝説の勇者タケシが、仲間のドレミさんと別れる時に渡した貴重な剣です。あれを使っている時は、ほとんどの魔物たちを瞬殺していたと聞いているから……」
タカヒロ「そうなんですね！　言っておきます！」
新しい呪文を教えてもらってほとんど話を聞いていなかったため、適当な返事をしたタカヒロであったが、大体雰囲気で内容はつかんだ。

またこの町に戻ってくるとミノールに告げ、タカヒロは店を後にし、仲間たちと町の出入り口で合流した。さっそくタカヒロは、コウジに二刀流をこれから練習したほうがいいと、事の経緯も含めて話をするが、コウジは、

コウジ「絶対今までのほうがいい。パパの使っていた剣はパパに返すよ」

タカヒロ「でも練習を一度して、それから実践で試して考えてみるのもいいんじゃない？」

コウジ「いや、僕はしないかな」

なんだかコウジが固い。意見としてはタカヒロ派の僧侶タカシがふと、

「でも性格的に最初から二刀流だったら、それずっと使ってたでしょ？　面倒なだけなんじゃないの？」

戦士マサヒコ「1回ゼロから考えたほうがいいぞ。フランスパンは、おまえにとったらフランスパンだけど、フランス人からするとフランスパンじゃないからな」

コウジ「何言ってるか、わからんのだけど」

マサヒコ「『地獄の鎧』は俺らにとっちゃ地獄の鎧だけど、閻魔《えんま》大王からしたら『ご当地の鎧』ってことだよ」

コウジ「2つの話が大体、同じなのはわかった」

マサヒコ「だからー。閻魔大王が俺たちが身に着けている『はがねの鎧』を見ると、『なん

じゃこりゃ』ってなるけど、『地獄の鎧』を見てもよくあるものだからならない」

タカシ「逆に僕たちは『はがねの鎧』を普通のものとして見るけど、『地獄の鎧』を見ると、『なんじゃ、こりゃ』ってなるってことだよね」

マサヒコ「そうそう。つまり、自分たちがやっていることは『普通』のことかもしれないけど、それ以外は『普通じゃない』って思うことはよくないって話だよ」

コウジ「なるほど！　フランスパンと鎧の話じゃなければもっと早くわかったかもしれない！　ありがとう！」

無垢な笑顔で図らずも嫌味が言えるコウジ。

タカヒロ「で、二刀流にしてみる？」

コウジ「やってみる！　しばらくは状況に応じて切り替えたりするかもしれないけど、いずれ身につける！」

一度は諦めていた二刀流復活。皆は、町の出入り口で長い立ち話をしていたため、通行人の邪魔になっていた。

タカヒロ「なぜ町の出入り口で話をしたかというと、僕がそこで『待ってて』と言ったからだ。これは結果的に邪魔になってるから、今後の待ち合わせ場所はしっかりしないと」

町の中で、タカヒロレベルアップ。

グルテンフリーという肩書すらいらない

このタイトルで、けっこう怒ってる感を覚えた人は臆病にならないで読んでいただければ幸いです。ほっこりハートウォーミングで、温かいコーヒーを飲みながらお読みいただけます。コーヒーを入れる時間が必要だと思うので、一度休憩しましょう。1行空けさせていただきます。

数年前にiPod（デジタル音楽プレイヤー）が流行した時期がありました。この時に僕も「こんな大量に音楽が入れられる便利なものが現れたか！」と驚愕し、喜んで購入した覚えがあります。それまででいうと携帯音楽プレイヤーってそれぞれの名残で「CD」「ガラケーでダウンロード」「めちゃくちゃ稀《まれ》にMD」だったかな？　記憶はあいまいですけど、とにかく「これ」というものはなかったです。

僕的には「大量に曲が入る。プレイヤーが小さい。音質は、イヤホンで聴くから多くはこだわらない」ということで買わない理由が見つからず買ったのではありますが、たまに変化を極端に嫌う人も中にはおりますね。

「俺はCDのほうが絶対いいね」

5％（↑体感。6％かも）くらいこういう人がいました。僕もいろいろな意見はあってもいいと思いますので「なんで？」と聞く。すると大体の人が、

「こういうデジタルは音の味がなくなる」

いや、CDもデジタルじゃん！ それレコード盤からCDに時代が移っていった時に、昔の人が言ってたやつ、言いたいだけじゃん。んでもって、レコードも、もともとは生演奏を録音してるから、実際、生《なま》で音楽聴くより音質は下がってるし！

怒ってません。何が言いたいかというと、「自分の知ってる範囲で物事を語るのはやめよう」ということ。知らない範囲があるなら「原点」を探し、どういう流れで今があるのかなどを知ると「これでいい」のか「これがいい」のか「もっと違うものがある」のか判断がしやすくなります。

健康志向は時代が進むにつれて、より活気が出てくるのかと思います。最近（2022年現在）では「お米の代わりにオートミール」なんかチョイスをする人もいたり、パスタで言うと小麦を使っていないグルテンフリーのパスタをチョイスしたりする人がいます。

「グルテンフリーは私には無理。おいしくない」

こういう方も一定数、いますね。この発言で出てくる「おいしくない」は何から来てるのでしょうか？　そう、自分の原点が「小麦のパスタを食べていた（慣れている）」からです。

もし、日本に初めてイタリアから輸入されたパスタが、小麦のパスタではなく「大豆のパスタ」であり、全世界の人がそれを食べていたらどうだったんでしょうか？　少年・少女の時に初めてイタリアンに行きパスタを食べて、「おいしくない！」と思うのか。天下一品のグルテンフリーこってりラーメンを食べて、「おいしくねぇ。これは小麦系の麺を使ったほうがいいと思うぞ」と思うのか。いーや、思わないね。

要は初めてチャレンジするから「おいしくない」じゃなくて、「違和感を覚える」ということです。そもそも、「おいしいか、おいしくないか」で食事をしてるなら、健康志向にいく必要はなく、健康志向に走っているくせに、「おいしくないから、二度と食べない」とか、論点がおかしいんです。

だんだん言いたいことが混線してきたので、「僕だったらこう考える」を書きます。

1　少し体に気を遣いたいのでグルテンフリーパスタにチャレンジしよう

2　大好きなカルボナーラを食べたけど、いつも頼むやつのほうがおいしく「感じる」

3　でもこれは違和感である。もし初めてパスタというものを作った人が違う麺を使ってたら、それを喜んで食べてたのでは？

4　じゃあ、初めてそれを食べる気持ちで食べてみよう

5　え、けっこうおいしい。っていうか20年前に初めて食べた（小麦系の麺の）カルボナーラより味も進化してるから、これで十分おいしい

という感じになります。5の段階でそれでも「まずい。食えたもんじゃない」と思うならそれはしょうがない。いろいろと天秤《てんびん》にかけて判断すればよいかと……。

例えばビジネスにおいて、「SNSでブランディングをするのが流行《はや》ってるからウチの会社もやろう」ってなった時に、「えー、面倒くさい。今までどおり、バイト使ってティッシュ配り〜」とか、慣れてないことを面倒だと思わず「そもそも宣伝とはどういう場でするのか？（原点に返る）」「アプローチが多いところでする」「今の自分たちに最適な方法」という今までやってきたことを一度無に帰《き》し考えることが大事だと思います。その中でもともとやっていたことにたどり着くのは全然、ありですね。

よってグルテンフリーカルボナーラは、「カルボナーラ」と小麦系の麺が共存しながら普通に名乗ることになってほしいし、オートミールリゾットも、「リゾット」として堂々と存在する世の中になってほしいし、あなたもしっかり仕事ができる「おいしい」人間なら、あなたにも肩書なんていらない。

以上。ちょうどコーヒー飲み終わった感じですか？　僕はカフェインレスのコーヒーという
いまだ肩書のあるコーヒーをちょうど飲み終わりました。

セーブポイント
（本筋とは関係のないひとり言）

やさしい

女性から「やさしいね」って言われた場合、

「恋人対象外ですよ」

っていう意味です。

つき合ってからの「やさしいね」が、ガチの「やさしいね」です。

[2 0]

左と東と手前の中心

Tatsuro's 25 Ways of Thinking

相手の目標

旅を進めて行く中で二刀流がものになりつつあったコウジとその一行は、魔王のいる島にたどり着けるという洞窟をついに発見した。急にそんなタイミングがきたので、コウジとその仲間たちは、いったん近くの町で作戦会議を立てることに。

この洞窟の近くの町、キョウトットは世界で唯一カジノがある町として有名だ。たくさんの富豪や、ギャンブル好きの人たちが集まり活気がある。しかも、ほかの町には売っていない強敵を倒すための武器や防具が景品として多く揃えられているのだ。

どれだけ世界平和を心から望みながら旅をしていても、必ず立ち寄ってしまうカジノ。正義感でカジノに行かず、ゲームをクリアした人はこの世にどれだけいるのだろうか。

余談ですが、「ドラクエXI」で初めてカジノに行き、ストーリーの都合上、スロットでぼろ勝ちするという設定（あとあと賞金は回収されるので、勝っても無意味）にまったく気づかず、1時間以上スロットを回し続けた僕は、エンディングで泣きました。

さて、カジノといえばルーレット。ここのカジノは通常のルーレットコーナーと、3つの玉が入る数字を予想するルーレットがある。3つも予想するとはなかなかめずらしい。ディーラーも1つの台に3人いて、コウジたちが座った台には、レイコ・アイ・トッシーという3人のディーラーがいた。

レイコが、1つの玉をすごいスピードでルーレット盤に投げる。アイが遠くから走ってきて、ルーレット盤に玉を投げる。トッシーは口から玉を吐き出し、ルーレット盤に飛ばす。汚ね！

――3・14・53。

僧侶タカシ「当たってる？」

コウジ「いや、投げ方にびっくりして賭けてなかった」

魔法使いタカヒロ「見ちゃうよね」

戦士マサヒコ「帰ろっか」

コウジ「そうだね」

1回1回時間もかかりそうだし、ちょっと怖くなったので宿屋に帰って作戦会議を開いた。そろそろ自分たちの戦いにも余裕が出てきたことだし、このまま洞窟に進み、魔王の島を目指してもよいのでは？ということで皆の意見が一致し、翌朝出発することになった。

翌朝、皆はしっかり準備をし、目的である洞窟に向かい進入した。今まで入った洞窟とは違い、一本道で迷うことがない。モンスターもあまり出ず、比較的順調に進んでいると、薄暗いだけだったあたりが急に真っ暗になり、何も見えなくなった。

謎の声「ふふ、これでどこから攻撃されても見えなくなるね」

タカシ「痛っ！」

タカシは83ポイントのダメージを受けた。

タカシ「誰かいる！　どこから攻撃がきているかわからない！」

マサヒコ「……っ！」

マサヒコは64ポイントのダメージを受けた。コウジたちはどこからくるかわからない攻撃に混乱した。

コウジ「どうしよ？　どうしよ？　どうしよっか⁉　右から……あ、いや次は奥から……」

3回も同じことを言うほど混乱しているのだ。そこで、最近起こっている状況を「言葉にする」ことが趣味のタカヒロが考えた。

「暗くしてどこから攻撃するかわからない状況を作っている理由は、動きがそんなに速くないから、暗くしている可能性がある。わからないって言っても、攻撃対象は僕たちしかいない。攻撃された時、その方向に走っていってみてください！」

とタカヒロは皆に指示をした。その瞬間、指示したタカヒロが攻撃されたので「俺かい」と思いながら、とっさにその方向に動き出すと何かとぶつかったので、すぐに羽交《はがじ》い締めにした。

謎の声「ぐわ！　離せ！」

タカヒロ「僕では非力なんで、マサヒコさんが捕まえておいてください！」

そう言ってマサヒコに任せると、タカヒロは右手を上にまっすぐ挙げて、左手で右太ももをギュッとつかんで、左膝を地面につけて、「どう～ですか～！」と叫んだ。

先日、教えてもらったオニマグマの呪文だ。

謎の声「うわーー！」

という声とともにあたりが明るくもとに戻った。謎の声の正体はカジノで見たディーラーのレイコだった。カジノで見た時より顔色が青く、悪魔に憑依《ひょうい》されているような目つきだった。

しばらくすると、顔色も穏やかに、表情も鋭い目から落ち着いてきた。

コウジ「なんでこんなことを……」

レイコ「ある時、魔法使いのような男がやってきて『家族にもおまえにも不幸が訪れてほしくないなら、俺の言うことを聞け』と……」

タカシ「抽象的に言う魔法使い（笑）」

マサヒコ「言うこと聞かないと、『不幸になるかも』。言うこと聞いて、『不幸にならないかも』。どっちも『かも』なんだったら、正しいと思うほうを選んだら?」

決まった!と思ったマサヒコは、決まった感をより高めるために、洞窟の出口のほうに右の拳を高らかに上げて去っていった。

タカヒロ「それにしても、どこからどう攻撃しようが狙いは一つだから、僕はそんなに困らなかったですよ。ルーレットも3人とも投げ方が違ったけど、入るところ一緒ですもんね」

トッシーは投げてないけどね。

いよいよ、魔王ファザンのいるエリアに到着。

憑依

会社のお問い合わせ対応の電話が鳴る。クレームか！

「お電話ありがとうございます。コメリカンエクスプレスカスタマーサポートでございます」

お客様「この前、おたくが売ってるコーヒーメーカーを買ったら、速攻で壊れたんですけど、どういうこと⁉（怒）」

ゴングが鳴った瞬間に、飛び膝蹴りがきましたね。これ、普通に考えると「コーヒーメーカーの型番、わからない」「速攻って、具体的にどのタイミング？」の情報が気になります。しかし、なんといっても怒ってますから間違っても、

「まず型番と、どのタイミングでどのように壊れたかお聞きしてよろしいですか？」

なんて冷静に聞いちゃダメですね。だって、いきなり飛び膝蹴りしてくるような人ですから、それを余裕でかわすしぐさをすると、

「てめぇとは合わねぇ」

と認識させてしまい、イライラを増幅させてしまいがちです。こういう時は、相手の感情に

憑依して、こちらも飛び膝蹴りです。

「それは大変です」

相手は腹が立っているので、こちらもまず同じように感想を言ってあげましょう。とはいえ、

「腹立ちますねぇ」

と言うと、企業イメージにまったくそぐわないこともありますから、もう少し綺麗な言葉で、

「それは大変です」

と変換します。当然、そのトーンには「これから頑張ってサポートさせてもらいます」というニュアンスも込めたいですね。

さて、次が複数人数相手となった場合の例。会社で味噌ラーメン専門店の出店をしようと決まり、チーム4人でラーメンの方向性の会議をすることになったとします。

A「味噌は赤味噌、白味噌、ブレンドの3種類があるのがいいな」

B「麺は細麺で、ストレートがいいかなあ」

C「具はチャーシューを。豚じゃなくて、鶏がいいんじゃない？」

A「味噌は濃い味だから、麺は太麺がいいと思うけど」

C「太麺系だと、鶏チャーシューとちょっと合わないな」

B「鶏チャーシューは、細麺って感じするよね」

D「っていうか、どんぶりとかどんな感じにする？　やっぱり黒？」

こいつらは何を言ってるんだ。好きなことだけ言って絶対に終わらない話をしている。なぜ終わらないことがわかるのか？

「方向性の会議なのに、スタート地点が決まってないから」

まず「味噌専門と言ってる以上、スープから決めよう」というように、何を基準に作りあげていくかを決めないといけないのに、右の視点から西の視点からと、各々言いたいことだけ言う話し合いって多くないですか？　知らず知らずのうちに、こういう会話って始まったりしちゃってるから、プライベートでもけっこう経験あるかと……。

こういう終わらなそうな話し合いの時って、「相手に憑依して考える」と意外と早いんです。なんでこんなこと言っているのか。このラーメン会議で言いますと「自分にとっておいしいフーメンを食べたいから」「こういうラーメンがおいしいと思うから」「これが流行りだから」など、さまざまですが、けっきょくのところ「ゴールはうまいラーメン」です。

しなりますと、先ほど言ったように「スタート地点（スープ）」だけ決めていれば、

「Bは細麺ストレートがいいなら、どんな味がいいと思う？　Cは鶏チャーシューを入れるとして、赤味噌・白味噌・ブレンド全部に合うと思う？　Aは3種類にする意図とかある？　どんぶりの色はスープ・麺・具が決まってからにしよっか？」

と話が混雑した途中でも、少しずつまとめていけます。

憑依してゴールを考え、ゴールからスタートをしっかり定めれば、3時間が30分くらいになるかもですね。

この感情に憑依するというのは、この本でも何度も言っている「相手の気持ちになって考える」っていうことと一緒なんですけど、言い方を変えてもう1回ネタとして使えるのではという悪《あ》しき心が働き、今にいたります。しかしながらそれでは申し訳ないので、プライベートで使える「憑依発言」例を最後に……。

彼女から仕事中にめったにこない電話がきたので、一大事だと思い電話を取ると、

彼女「ねぇ！　さっきゴキブリが出た！　殺虫剤して退治したけど！」

自分「えー！　それは怖かったね！　ちゃんと退治できた？　頑張ったね」

いかつい車なのでマジマジと見てたら、その車のいかつい運転手が、

人生で会いたくない人「てめぇ、何見てんだよ」
自分「車がめちゃくちゃかっこいいと思って見ちゃいました。これ、どこのカスタムですか？」

めったにないと思いますが、ほんと～にたまたまフリーザに会って、「殺しますよ？」って言われたら、観念してください。
必ず戒名には「地球」という二文字は入るでしょう。

セーブポイント
（本筋とは関係のないひとり言）

300万円あげる準備ができてます

って日々大量に送られてくる「迷惑メール or ショートメッセージ」。

年末・年始とお盆は送ってこない。

クリスマスに送ってこないと、めちゃくちゃ腹立つ。

[2 1]

言葉百変《へん》化《げ》の妙と奇

Tatsuro's 25 Ways of Thinking

敵を斬って斬って斬りまくる

ついに魔王がいるといわれているエリアにたどり着いた。これが本当に最後であってほしいと願っている、まもなく勇者と呼ばれるかもしれないコウジとその一行。

彼ら全員、どんな初めての敵と出会おうが、高いモチベーションと集中力で戦闘を行っているのが、コントローラーを握っているタダシ（久しぶりの登場）にまで伝わってくる。戦闘中、ふと僧侶のタカシがコウジに目をやると（そんな暇もある）、あんなに使い方に苦しんでいた二刀流の剣さばきもすっかり自分のものにしている。

戦いが終わったあと、タカシがコウジに言った。

「すごい上達したね。宿屋に泊まっている時も空いた時間に練習した甲斐があったね」

コウジ「そう？　まだまだだよ」

本当はもう境地に達していると思っているコウジ。しかし褒められることがほぼ皆無のため、返答に困ったすえ「いやいや俺は……」的な返事をしてしまう。

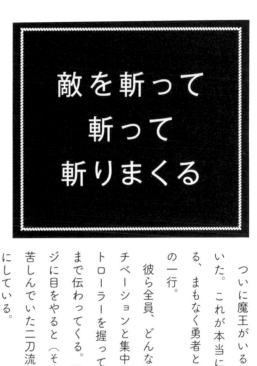

魔法使いタカヒロ「もう今や（戦士）マサヒコの攻撃力より全然あるんじゃない？」

戦士マサヒコ「……！」

マサヒコは確かに！と思ってしまった。しかも、コウジは呪文が使えるが、自分は呪文が使えない。なんちゅう差だ！

マサヒコ「剣が2本とはいえ、巨人の斧（使えるようになった）で斬られたほうがよっぽど致命傷になるとは思うんだが……」

タカヒロ「めちゃくちゃひとり言、聞こえてるよ」

マサヒコ「うわ！　本当か！」

タカシ「聞こえたついでに言うと、その斧はすごい攻撃力が強いから、当たれば大体の敵は致命傷を負うと思うんだ。でもそれがマサヒコの自信になりすぎて相手の弱点を狙わなくなってるんだよ」

タカヒロ「うおおおお！って、上半身ばっかり適当に狙うんじゃなくて（超失礼な言い方）、同じモンスターが何回も出てくるんだから、そのときどきで攻撃する場所、変えてみたら？」

マサヒコ「お……、おう！」

まったくそんなことなんて考えたこともなかったマサヒコにとって、まさに棚からペヤング

「棚ペヤ」だった。

仲間に助言をもらったマサヒコは、それ以降の戦闘において、

「トロトロールAは足を狙って、トロトロールBは腹を狙ってみよう」

と、さまざまな角度から攻撃を展開し、モンスターによってウイークポイントが違うことや、形態によって共通しているウイークポイントがあることなども発見するようになった（さっきまで「弱点」と言ってたのに、急に「ウイークポイント」と言い始めたのは、文字数をかせぐためである）。

タカシ「全然変わったね。一撃で倒せなかった相手も倒せるようになったりしてるもんね」

マサヒコはまた一つ成長した。成長したといってもレベルが上がったわけではないので、心の部分の成長だけね。ただ、明らかに4人の中で圧倒的な攻撃力があるということを、自分自身やほかの3人も認めざるを得ないくらい成長をとげた。

その夜は、最後の島で唯一存在する国「アルーリュ国」の町で休息を取ることにした。島に入ってからかなりの戦闘と長い移動をし、皆空腹であったために、いろいろな種類の料理が食べられる居酒屋に立ち寄った。

コウジ「油っこいもの食べたいね！　とんかつ！」

マサヒコ「じゃあ、大人気若鶏のからあげと軟骨のからあげ！」

タカシ「お刺身の盛り合わせも！」

タカヒロ「ビール4つ！」

タカヒロはほかに頼みたいものがあったが、マサヒコが1人で2品頼んだので我慢した。

4人「お疲れ様、かんぱーい」

コウジ「お腹、減ったねー。早く来ないかなー」

と言っているうちに、大人気若鶏のからあげが最初に来た。マサヒコは自分が頼んだものが最初に来たことにテンションを上げつつ、お皿に添えられているレモンを手に取り、

マサヒコ「レモンかけまーす」

と言ってかけようとする。

3人「ちょっと、ストップ」

タカヒロ「そういうところでしょ？　今日学んだじゃない？　一つの方法で攻めるんじゃなくて、いろいろな角度から……」

マサヒコ「でも、レモンかけたらおいしいからお皿に載ってるんだろう？　いいじゃん」

コウジ「じゃあ、お皿に載ってるマヨネーズもつけていってよ（レモン嫌いのためまあまあ怒

ってる)」

タカシ「レモンかけてうまいんだったら、最初からかかってるでしょ」

からあげは自由に食べましょう。

レモンを切って切って切りまくる

うちのお店のメニューをそろそろ増やそう！となって「からあげを作ろう！」となった場合のお話（からあげ連続出演なのは、今僕の頭の中が、からあげでいっぱいのため）。

日常、家で食事をとる人、コンビニですませる人、外食をする人、どんな人でもからあげに遭遇するという機会は多いと思います。よほど「嫌い」とか、「油モノは控えている」という人以外は、けっこう食べることって多いんじゃないですか？　そうでもないですか。あーそうですか。でも、引き続きお読みくださいませ。

よく見かけたり、食べてたりするがゆえに、

「あそこのお店の衣がおいしかったから、あんな感じがいい」

「当然モモ肉で、小さいより大きめにして映えるほうがいいよね」

「油にはこだわってますって感じのゴマ油がいいな」

と日頃から嫌でも情報収集できてるので、なんとなく話もまとまりやすいし、それでいて満

足感のある会話が続きます。

ちょっとストップ！　意見がそんなに出てない中で「◯◯がいい」と言い始めると警告アラートです。

からあげの需要がそれなりにあるからといって、安易に決めてはいけません。おいしい感じのやつを作って、「からあげグランプリ金賞受賞!!」などと売り出そうなんてもってのほかです。どうせなら、ミシュラン目指してください。

つまり方程式がある程度あるものについては、

「こうすりゃ、ええんやろ？」

というのが楽だし、ベストに近いものが作れるかもしれません。しかし、それには数多のライバルもいるという認識も必要です。こういう時こそ、「自分が当たり前（やベスト）」と思っていることの逆の切り口や、少し違う切り口で物事を考えてみてはどうですか？

「モモ肉のほうがおいしいとは感じるけど、うちの店はムネ肉で……。いや、モモ肉とムネ肉をガッチャンコ（この意味についてはご想像にお任せします。大体のイメージで）できないかな？」

とか、

「大きいサイズもいいけど、逆にめちゃくちゃ小さくしたらどうなの？　何パターンかの大きさを作ってみたい」

「油はオリーブオイルとか、コーン油を使ってみたらどうなの？」

などこれだけでも組み合わせがたくさん出てきます。長く愛されるお店にしたいからこそ、こういう「切り口」を変える意識は持っておいたほうがいいと思います。

「俺そんなにたくさん発想ねぇよー」

っていうのは勘違いで、1つの切り口（角度0度）が見つかれば、その逆（角度180度）も見つけることができて「2つ」の切り口が見つかるからそれで十分です。さらに、そのほかの人が角度30度の意見を言えば、角度210度の意見を提案してあげて4つの意見ができあがり。これをたくさんの項目で考えれば、多くのバリエーションで検証できるようになり、「特徴がありおいしい」ができあがる確率も（からあげだけに）上がってきます。

そしてこれはネーミングにも当てはまる話で、

「からあげ？　唐揚げ？　カラアゲ？」

というように、からあげを作ろう！と始めた会議テーマの呪縛にとらわれず、

「フライドチキン？　ザンギ？」

も候補に入れたり、言葉を少しずつ変身させて、

「若鶏のからあげ」→若いといえば、「ハンパ」→「ハンパな鶏のからあげ」→ハンパって失

礼だから、「大人になりきれてない鶏のから揚げ」→大人になりきれてない鶏を私は食べているのか！という罪悪感が少し出てきちゃうので、「大人になりきれてないフライドチキン」→とポップにしたけど、もうちょっとかわいく、「大人になりきれてないフライドチッキーン！」というように「近い言葉」を探しつつ「言葉をどんどん変身」させていくと、どこかのタイミングで面白い刺さる言葉が出てくるかもしれません。

「レモン」→「黄色い柑橘《かんきつ》の王様」→「黄色いかわいいやつ」→「黄色いビタミンCの多いやつ」→「黄色いビタミンC野郎」→「黄色い毛穴の多いビタミンC野郎」→「黄色で毛穴多くて酸っぱい果実」→「黄色で酸っぱい果実」→「レモン色で酸っぱい果物」→「レモン色の果物」→「レモン」

レモンは切っても切ってもレモン。

セーブポイント
（本筋とは関係のないひとり言）

最後の晩餐

「明日死ぬってわかったら、最後に晩ご飯、何食べたい？」

って聞かれた時の正解が、今わかりました。

それは、「ビュッフェ」。

[22]

君がため
惜しからざりし
命さへ
ながくもがなと
思ひけるかな

Tatsuro's 25 Ways of Thinking

ゲームじゃなければ訴えるぞ

僧侶タカシ「ちょっとコウジ、死んでくれない？」

——さかのぼること1時間前——

最後の島にある「アルーリュ国」にて滞在中の勇者目前コウジ（そろそろ、肩書つけるのも飽きてきた）とそのご一行。もう、やり残したことはないのか？ このまま歩を進めていいのか？ タカシは悩んでいた。

彼は、皆をフォローする立場の人間だ。仲間が傷つけば回復させ、瀕死状態になれば蘇生《そせい》の呪文を唱え復活させる。しかも復活の確率は50％なので、戦闘中に失敗しようものなら、ほかの仲間が「えーー!? もう～！」という顔になっているのがまるわかりだし、コントローラーを握っているプレイヤーからも、ゴミクズのように言われるのでひどく傷つく。特にタダシよりタツロウのほうがうるさい。

「俺のせいじゃなくて」と思いつつも、「瀕死になるやつが悪い」なんてタカシは1ナノも思ったことがない。彼は立場をしっかりわかっている。仲間のために尽くすことをこの冒険での自分の使命だとしっかりわかっている。
「何かまだできることはないかな？」
自分がまだ覚えられる呪文がないかと思い、町にある世界で唯一魔導書が売られている本屋「マジカルコノチャン本店」に立ち寄った。

タカシ「１００％確実に蘇生ができる呪文はあるのでしょうか？」

店主コノチャン「みんな、そういう悩みありますよね」

タカシ「やっぱり、みんなあるんですね」

店主コノチャン「それを考えた大魔法使いのドレミという方が、先日ここにたった1冊、置いていかれました。みんながほしがる本ですが、あなたの旅の目的やお話を聞いていると、使うに相応《ふさわ》しい方だと思いました。よかったら、買われませんか？」

タカシ「買います！　ありがとうございます」

「みんなが」と言われると、本当にみんながほしがっていると感受性の強いタカシは思ってしまい、ついつい買ってしまったが、ついつい買って然《しか》るべきものでもあるため、タカシは嬉しかった。すぐに呪文の唱え方を習得し、タカシとしても最後の戦いに挑む準備としては満足のいくものだったのだが、万が一試す場もなく最後の魔王まで到達してしまったらどうしようと悩んでいた。

タカシ「ちょっとコウジ、死んでくれない？」

コウジ「ちょっと急に……！」

戦士マサヒコ「何が……!?」

魔法使いタカヒロ「ちょちょっ……！」

タカシはグループ全員を高確率で死にいたらしめる呪文を唱えた。

タカシ「ザラキックス！」

コウジは死んでしまった。マサヒコは死んでしまった。タカヒロには効かなかった。

マサヒコまで巻き込まれた。

タカシ「タカヒロ、こうやって死んだ仲間の周りを歩きながら『どうにか！』と言うと、復活するんだ」

タカシがそうすると、息を引き取ったコウジの顔色がみるみるもとに戻って復活に成功した。

タカシ「おお！」

タカヒロ「君がびっくりしちゃダメ」

コウジ「いつの間に、こんなの覚えたの？　もうこれで失敗もないってことだね？」

タカシ「そうだね。これでいつでも3人を助けることができる」

思い起こせばタカシは自分を主張することなく、作戦会議でもいつもサポート役としての発言をするし、戦いにおいても、まず仲間のことを考えた戦いをする。

まず僕たちのことを考えてくれるタカシこそ、絶対に死なせてはいけない。この人のために俺たちは戦うんだ！と思うマサヒコを除く2人であった。

だってマサヒコは、まだ死んでるからね。

訴えなくていい

誰のために仕事をするのか。それは、自分のためでいい。自分に好きな人（仕事上ね）、仕事を手伝ってくれる人がいるなら、それは自分の大切なものの中に入っているから、「自分優先＝大切な人も優先」となる。間違っても「自分『だけ』のため」と考えるのはよくないと思います。

自分はさておき、人のため「だけ」に働く人もいるんでしょうけど、僕はちょっとその領域に入る余裕がないのでコメントは差し控えさせていただきまして……。

例えば僕の会社は、現在、当たり前のようになじんでいる「ライブ配信」というサービスのプロダクションをやっているわけであります。どういうものかは言わずもがな。また、そのサービスの中には成人向けコンテンツなどもあったりしまして、配信する人はなかなかそういった仕事をご自宅でできないことが多いです。

２００４年にこの仕事を始め、その当時は「ライブ配信」に関する認知度も低かったですが、利用してくれた人は「今まで体感したことがなかった、インターネットでのコミュニケー

２２
君がため　惜しからざりし　命さへ
ながくもがなと　思ひけるかな

ション」にハマり、少しずつ「認知」も「需要」も高まりました。それに合わせて全国に「配信者が出演するためのスタジオ」というものが増えていきます。これが当社のサービスで、当社と代理店契約をしている法人・個人の皆様がスタジオ運営をして、配信者の管理やサポートなどを行っています。

起業当初は、都内で一人で配信用スタジオ（かっこよく言ってるがワンルームマンション）を運営し、

「月の収入50万円くらいあればいいかなあ。あとは誰かに任せて何もしないで一生50万円くらいあればいいんじゃない？」

くらいの感覚で始めたものの、先述のとおり全国に拡大することになります。

「スタジオが増える」→「（なぜなら）人が増えてるから」→「売上が上がる」が続き、いつしか多くの人数を抱えて仕事をするようになりました。

「こんな仕事があったんだ！」「知れてよかった」「おかげ様で稼げてます！」とか、当然悪いことも言われたりと悲喜こもごもですが、喜ばれるとどうしても、

「こんな俺にありがたやー」

と家にすら来てないのに、

「ご飯、食べてく？」

と言いたくなるくらい大好きになっちゃいます。特に起業したての頃は、自分だけのためという気持ちが強かった点もあり、「こんな俺に……」となったんでしょうね。その反動かいつしか「彼ら、彼女らに自分は何ができるだろう」と思うようになります。

2004年に起業してから18年。今残っているスタジオを運営している関係者の人たちは古いつき合いの人がとても多いです。稼げる稼げないを問わず、辞めたり進路変更したり、いろいろな行動を起こせる中でおつき合いしてくれている人たちがたくさん残っています。

何度も聞いてるうちに、

「嘘っぽ!!」

って思われるような、

「ふんなのためを思って!」

なんて一度たりとも言ったことがないのに、それを思っていることがしっかり実になり、長いおつき合いができるのだと実感しております（歳のせいで感傷に浸っている可能性もある）。

超ワガママに自分というものを大事にしている人こそ、「自分」というカテゴリの中に「大事にすべき人」をたくさん入れて仕事をすると、パワーにも超なるし、新しい発想や高い目標が生まれてくるのかなと思ったりラジバンダリ（古いネタなので調べて）。

グループをまとめる上司なら部下のために。直接接客している方なら、お客様のために。キャプテン翼は、ボールのために。チャーシュー麺のチャーシューは、麺のために。いかりや長介は、志村のために。ベートーヴェンは、エリーゼのために。

もういいですか？　けっこう書いたけど、面白いフレーズ一つもなかったですね。とにかく、ほとんどの人はそうではないと思うんですけど、最初にも書いた「自分だけのため」ということは考えず、「自分とは？」「自分の中には何がある？」を考えられたら、新たなパワーが発揮できるのではないでしょうか。

「自分だけのやつ」の見つけ方は、「おまえらのためにさぁ！」とめっちゃ訴えてくるやつ＆この本で書いている「嘘つき＝自分本位」のお話のやつです。

叙々苑、まずいって言うやつ！

セーブポイント
（本筋とは関係のないひとり言）

車内座席での通話は禁止しております

上司や取引先から着信があったのか、新幹線の座席で電話を取りボリューム２くらいで会話するやつ。
それを「やだねぇ」ってな感じの冷たい目線で眺めている家族らしきグループが、ボリューム７くらいで会話してる。

[2 3]

タイムイズ

Tatsuro's 25 Ways of Thinking

何でもは全部

魔王のいる城へ出発の準備ができた。ドキドキした気持ちを抱えながらも、行きたくてしょうがない。魔王がいると言われている最後のエリアにたどり着いて、3話にわたり今なおアルーリュ国に滞在しているカニカマ勇者（もどきってこと）のコウジとそのご一行。この国にいることに飽きたという説も。

さて、出発の前に彼らの噂を聞きつけたアルーリュ国の国王シノハーが4人と話がしたいということで、4人は王のいる城の部屋に向かった。

シノハー「あー、これはどうも。皆様に会いたかったです」

コウジ「初めまして、コウジです」

仲間たちもそれぞれ紹介をすませ、なぜ呼ばれたのかコウジは尋ねた。

シノハー「これから最後の戦いに行くのに、何か足りないものがないかと心配になって招待したんだよ」

どこかの王様とえらい違いで、とってもやさしい。

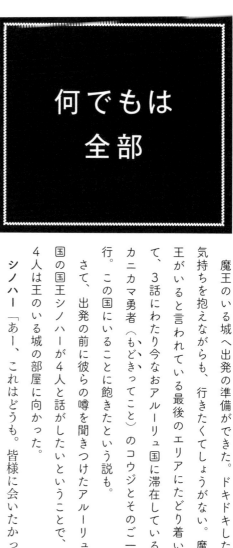

シノハー「もしよかったら、この国にあるもので必要なものがあれば、なんでも持っていっていいですよ」

僧侶タカシ「なんでも⁉　なんでもってとにかく全部から選べってことだよね、タカヒロ？」

魔法使いタカヒロ「そういうことではなくて、一度確認してＯＫだったらくれるってことだから、全部いいよ！ってわけではないと思うよ」

コウジ「それはちょっと言い方よ〜。『持っていっていい』って言うから、確認はいらないと僕も思ったよ」

戦士マサヒコ「君たちはそういう感じで、人の話をずっと聞いてたの？」

コウジ「そうだよ。そうじゃないと誤解が生《しょう》じるからね」

タカヒロ「2人の言ってることは正しいけど、振る舞いとしては間違ってると思います」

タカシ「言うほうも言うほうで、ある程度伝わるように言ってほしいです」（113ページ「嘘と数字」参照）

マサヒコ「じゃあとりあえず、戦闘に使えそうなものだけに絞って、ほしい物を探す？」

コウジ「絞らないで、いろいろ見たうえでほしいものを持って出ようよ」

タカヒロ「いや、せめて確認は必要かと」

この4人の話し合いがまったく終わらない。シノハー王にもすべて聞こえているが、シノハー王は1%くらい自分にも責任を感じているので、口出ししないようにしている。見るに見かねた王の側近が、

「すみませんけど、こんな言い合いをしている間に、ほしい物リストを出せると思うんですけど、これはいったい何の時間ですか？」

4人「……！」

4人はどれだけ時間を費やそうと、宿屋に何泊しようと歳をとることがないので、「時間の無駄」という概念がない。

タカヒロ「申しわけありません。ついつい欲が出てしまいましたが、すでに魔王を倒す準備はこちらでもしておりますので、今回はお気持ちだけいただくようにいたします」

タカシ「ご迷惑をおかけしました！　これにて、失礼いたします」

シノハー「そうですか。それならそれでけっこうです。必ずや魔王を倒し、この世界に平和をもたらしてください！」

4人は、王の間で繰り広げた会話がいかに恥ずかしかったかを反省しながら城を出た。

マサヒコ「これは今夜思い出して、恥ずかしすぎて寝られないパターンだね」

さて、いよいよこの4人は魔王の城へ向かうわけですが、大丈夫なのでしょうか。もし、レベルが全然足りなくてやられてしまったらどうしよう。

もし、城までの道中魔法の使いすぎでMPがなくなってしまい、魔王と戦う段階で0になっていたらどうしよう。

もし、魔法の使えない戦士が武器での攻撃がまったく通用しない敵と遭遇してしまい、「ぼうぎょ」しかやることがなかったらどうしよう。

もし、生き返らせる呪文を使える僧侶が一番先に死んでしまったら、ほかの3人はどういう気持ちで戦えばいいのだろう。

とコントローラーを握っているプレイヤーのタダシは考え、動きが止まった。

考えてる暇があったら、悩みを一つずつ潰していくか、この状態で行くかの2択です。さっきの4人の会話を聞いてなかったのか。本当に悩んでいいのは、お鍋の時に、

「お好みでお出汁に柚子胡椒《ゆずこしょう》をお使いください」

と店員に言われ、

出汁に柚子胡椒を入れたら「終わりか?」「始まりか?」を悩む時だけ。

最後の戦いがいよいよ始まる。

その時間の意味

事務所でそれぞれが忙しい時間を過ごしている時、打ち合わせのために来客がありました。もうそんな時間だったかと会議室にご案内したあと、ちょうど近くにいた部下に、

「ちょっとお茶、出してくれる？」

とお願いしてみました。

部下A「え、僕がですか？　僕の仕事ではないので雑用の人に頼んでもらっていいですか？」

言っていることは正しいけど、食い下がるように、

「すぐに会議室に行きたいからお願い」

部下A「いや、ほかの人に……」

と終わらなそうな会話を聞いていたほかの部下が、
部下B「あ、私やっておきまーす」

と言って、フォローを入れてくれた。

このやりとりが始まりそうになった段階で、僕は「長引きそうだな」と察知して自分でお茶を手配しに行けばよかったと気づく。

お茶くみは全員がやれっていう話じゃなく、今、自分がやっていることは時間をかけてやるべきことか？その時間無駄じゃありません？っていう話です。

例えば、何かの申込書を記入する時、個人情報などをボールペンで記載する際に、

「すいませーん。住所のところのフリガナって書かないといけないですか？」

「一応、間違いがあってはいけないので、すべて記入していただくことになっております」

「マンション名なんてカタカナだから、書かなくてもいいのでは？」

「すみません。そちらも正確にご記入、お願いいたします」

「いやだって、住所欄でマンション名をカタカナで書いてるし」

なんて言ってる間に、フリガナ書けるし。

クライアントA「今、ホームページが開かなくなってますよ！　どういうことですか？」

管理会社X「申しわけありません。今、全員で鋭意対応中でございまして、今しばらくお待ちください」

A「早くやってもらわないと困るんですけど。これたまにこういうこと起こるけどなんでこ

ういうことになってんの？　この前もこういう同じようなこと……ギャースカ！　ギャースカ！　……★！☆▲※……!!」

早く電話切ったほうが早く終わるし。

というように、どうすればスムーズか？ということを、とにかく冷静に考えて行動をしていく意識は大事かと思います。大体この手の場合、どちらかが感情的になっているので、こちら側が冷静な場合は、結果的に時間を要してしまうのですが、逆に感情的になりがちな立場であった場合は「おっと、これはあのパターンだな」と一度思い返して冷静になってみてください。

ちなみに、どっちも冷静だけど時間の無駄パターンもあります。例えば、

部下「Ｐｈｏｔｏｓｈｏｐ（写真の修整・加工ソフト）で人の周りの背景を切り抜きたいんですけど、ＡとＢのやり方があってどちらがいいですか？」

上司「これはＡのほうがやりやすくて、綺麗にできるよ」

部下「でもＢのほうが慣れれば早くできるって書いてあるから、Ｂのほうが最終的にはいいような気がします」

上司「あー。私も両方比べてやってみたけどＡのほうがいいと思うんだよねー」

部下「Ａを使ってる人が多そうなんでそっちにしようかな。Ｂを使うメリット、Ａを使うメ

リット、その逆のデメリットも教えて……」

上司「どっちも自分でやってみたら？」

これは上司は一言めで、最後のセリフを言いたかったにもかかわらず、最初にそれを言ってしまうと、「うちの会社では何も教えてくれない」というサイレントパワハラ扱いされるので、いったんサービストークを交わして、「自分でやってみな」と〝なるべく〟時間短縮をしたパターン。自分が部下の立場なら、「本当に煮詰まった」ことと「経験のためにやってみる」ことをしっかり切り分けて質問をするなりしないなりの判断をしたほうが、成長の仕方に差が出てきます。仮に、

上司「Aがいいよ」

部下「わかりました。Aでやります」

となったとしても、そんなあなたは一生Aの良さ、Bの良さや悪さを説明できません。

さて、いろいろと例を出しましたが、質問（会話）は必要最低限に！　無駄な会話はするな！というわけではなく、その物事が終わってからゆっくり会話をすれば、「経験に基づいた話し合い」もできるわけで、時間効率もさることながら、生産性のある会話もできるということですね。シチュエーションによっては一概にこれが正しいとは言えませんが、こういう考えは使えるシーンが多いと思います。

「こっちの服とこっちの服、どっちがいいと思う？」

というデート中の彼女の質問に対して、

「とりあえず、そんな話してる暇あったら、着てみたら？」

と言った彼氏にかぎっては、逆勇者なので気をつけて。

セーブポイント
（本筋とは関係のないひとり言）

弁護士の時代が来た

法を犯して悪行をはたらき、逮捕された挙げ句、

「弁護士が来るまで話しません」

っていうヤンチャな感じのやつ、なんかセコダサい。

[2 4]

死闘と思考の先に見えるもの

Tatsuro's 25 Ways of Thinking

君死にたまふことなかれ

できるだけの準備はした。いよいよ魔王ファザン（久しぶりに名前書いた）との対決だ。そもそも魔王はいるのか。いたとしても、そこまでたどり着くことができるのか。半人前勇者（もう肩書を書くのも最後。最後の最後で稚拙な言葉）のコウジとそのご一行の旅は、いよいよ終盤を迎えるわけである。

お城がすぐそこに見えているのに、お城にたどり着くまでにモンスターの多いこと多いこと。終盤に来て、このエンカウント率の悪さたるや。

魔法使いタカヒロ「一度町に戻りますか？」

コウジ「戻ろう」

判断が早い。いや、これも重要な決断。一度町に戻って宿屋で回復したコウジたちは再度魔王がいる（はずの）城を目指す。

先ほどとは打って変わって、モンスターの数が少ない。戦闘を少ない数ですませたまま城にたどり着くことができた！　すでにコウジ以外の3人は忘れていたのですが、ナガーを倒し「魔王の城の設計図」を奪ったので城のナビゲーションは完璧だ。

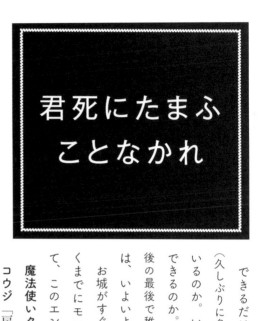

驚くほど静かなお城。設計図に王の間へ行くための最短経路が記してあり、そのとおりに行けばよいのだろうか？

僧侶タカシ「すごく静かで誰もいないね」

戦士マサヒコ「もうすぐ王の間に着くぞ。本当にいるのか？」

地図どおりに進み、今いる場所を改めて確認した。何度見ても今自分たちがいるのは、王の間に入るための扉の前だ。ドキドキが止まらない。

コウジ「開けよう。そして魔王がいたら大体の場合、いったん魔王が何か話すから、話している間に戦闘に持ち込もう」

ずるいが、平和のためならやむなしだ。そして、扉が開かれた。

扉の向こうには玉座があり、人の形をした魔王が座っている。その両脇には見たこともない大きさの二足歩行のヤギのようなモンスターが2体！　なぜかトレンチ（お盆）を持っている。

魔王ファザン「お!!　これはこれは、よく来てくれましたね！　ズズズッ……」

紅茶を飲み、お菓子を食べる魔王ファザン。そして次の一言を話し始めたその瞬間、コウジが、

「聞いてられるかーーー!!」

と言って斬りかかったところで戦闘が始まった。

ファザンが現れた。トクチャンAが現れた。トクチャンBが現れた。

コウジ「みんな、今までやってきたことを思い出して必ず倒すぞ！」

ファザンはようすを見ている。

4人はそれぞれがそれぞれにできる戦い方、そして今まで経験してきた考え方を駆使して戦いを続ける。

トクチャンAが大きなトレンチをすばやく投げつけてきた！

トクチャンBがすばやく体当たりをしてきた！

マサヒコ「今の俺たちなら全然耐えられる！　こいつらの弱点もわかった！」

タカヒロ「なぜファザンは攻撃してこない？　側近（トクチャンA・B）がやたら仕掛けてくる。これはこの2体に目を向けてる間に、何かしてくるつもりだ」

2人とも培《つちか》ってきた経験が生きている。

トクチャンA・Bはボソボソと話している。

ファザンはようすを見ている。

僧侶のタカシが皆の傷を癒やし、コウジが攻撃する前にマサヒコがコウジに2体の弱点を伝える。コウジはそれを聞き、必殺「剣の舞」を使った！　トクチャンA・Bは瀕死になった。

ファザンが蘇生の呪文を唱えた。トクチャンA・Bが復活した。

タカシ「僕が昨日、覚えたやつー！」

そしてファザンがついに動き出した。

ファザン「カマイタッチー!!」

名前はかわいいが、経験したことのない質の呪文で、体中が切り刻まれていくのがわかる。

たった一撃の魔法がこれだけ効くことはない。コウジの意識が遠のいていく。マサヒコ、タカシもコウジとともに瀕死になった。タカヒロは魔法使いゆえ、呪文に対する耐性が３人より少し高かったためにギリギリ動けるが、もう倒れる寸前だ。

タカヒロ「よしこうなったら……っ！」

心が折れることなく最後の力を振り絞って、タカヒロは右手を上にまっすぐ挙げて、左手で右太ももをギュッとつかんで、左膝を地面につけて、

「どう～ですか～！」

と叫んだ。ミノールに教えてもらったオニマグマの呪文だ。ファザンはとてもびっくりした表情になったが、すばやく盾で防いだ。そしてタカヒロは力尽き、４人は町に戻された。

「あれ？　これ無理ゲーじゃない？」

このゲームをプレイしているタダシはそう思った。何度やっても何度やっても倒されるの

だ。どうもおかしいと思い、このゲームを同じタイミングで始めたタツロウにＬＩＮＥで尋ねた。

「ゲームクリアした？」

　すると即レスで、

「したよー。余裕でした✌」

　と返ってきた。なんでだ！　同じ日にゲームを始めて同じくらいの時間しかゲームをやってないはずなのに。

タツロウ「パパパ村に行く前の覚醒の洞窟寄った？　カジノで武器と防具揃えた？　シノハーに敵の魔法を軽減できる防具とかもらった？　けっこう、いろいろくれるけど」

　全部落としてる！

　同じゲームをしていても歩んできた道でここまで変わるのか。なんだかいろいろミスった後悔とゲームのやりすぎで疲れたタダシは、

「二度とやるめぇ」

　と、絶対自分たちが死なないゲームをいったん終えた……。

この世ひとりの君ならで

どれだけ努力をし、仕事を思い、そこに時間を費やしても、

「あいつには勝てない」

というような状況をお持ちの方は多いと思います。

「ここがすごいんだよな」

というはっきりした部分に気づきがあるなら、そこをいったんマネをし、自分のものにし、それから成長させるなり、必要ないと判断してやめるなりすればいい。でも、

「何が足りないのか？」

というような考えを起こさないといけない事態になってしまった場合、足りないものがたくさんあると考えたほうがよいかと思います。つまりおさらいすると、潔《いさぎよ》く**「身の丈を知る」**ということは一つの成長要素だと思っています。

すでに最初のほうで記したとおり「自分が今どこまで手が届くか」を知り、少しずつ少しずつでもいいから手の届く距離を伸ばす方法を考えるということです。ある一定のところまでい

って伸び悩んだ時に「俺はこんなもんだ」と思うのも自由。ただし頑張っている人は、あなたが諦めようとしている間も「たぶん、いける」と思って手を伸ばし続けてます。

もう一つの成長要素として、**普通のことを普通と思わない心**。これも最初に記載してます。日常で見かけるものや、言語などなんでもいいのですが、当たり前のように見ているものを「普通のものだ」と、はっきり人に伝えられるように「なぜ、普通なのか？」を考えることは「実は普通じゃなかった！」など、新しい何かを生むきっかけになると思います。当然ですが「絶対これは普通じゃねぇ」と頭からあげ足取るファイティングポーズはNGです。

あと、自分がとっている行動についてはどんどん**「言葉にしていく」**ということも書きました。

「今の俺は、本を書くペースが速い。なぜなら、締め切りに追われて、やっつけ文章でどんどん書いてるからー」

とか（今の僕）、

「なぜこんなにメニューがあるのに、皆はこの商品を頼むのか？　俺もついつい目が行っちゃったのか？」

なんて考えるだけで、自分が飲食などに携わる時、役に立つかもしれませんね。

けっきょく、この本で書いたことってほとんどが、

「考えよう」

というこ とです。めちゃくちゃ考えるんです。でも経験するほうが効率はいいです。でも、仕事だと経験できるシーンが少ないです。それは、一発必中の仕事が多いから。とにかく考えるべきです。というところまで言って、

「けっこう考えてますけど？」

って言ってくる人は、今もう成長が止まりかけています。

「けっこう考えてるつもりなんだけど、まだまだなのかー」

と思って、もっと考えてください。

例えば僕は、もともとお話しするのが超苦手です。にもかかわらず、取引先の結婚式のスピーチなどを頼まれることもあるわけです。こういう時の「考える量」ってどれくらいかというと、3カ月以上前から考えます。当然、仕事中とかは考えないですけど、ご飯を食べている時、シャワー浴びている時、寝る前など暇があれば考えます。それでやっと可もなく不可もなくです。自分で身の丈をわかってますから、爆笑やお涙なんて望みません。自分で思う「普通」を目指すために、3カ月以上前から準備します。

その日、会話した内容すべてを寝る前にしっかり思い返し、

「あそこはこう言えばよかったかな」

と考えるし、架空の人物と会話をしておしゃべりの練習もします。当然、仕事のことも考えます。

「今日はこいつ、愛想ねぇなぁ」

と思われることもあるでしょう。すまん！　でもやっぱり、考えるということは多くの人ができることであり、経験値を補う可能性を秘めているので、みなさんもいっぱい考えて生きてほしいです。ちなみに、「考えて答えを得る」と「情報を見て答えを得る」では、全然結末が違うので気をつけて。

「考える以外に何かねぇのかよ」と、考えました。そうなるとやはり、人生や社会においての**経験値**は大事だと思います。

「『このプロジェクト、俺がやりたいです！』『よし、会社を立ち上げるぞ』」というような最初の一歩を踏み出す」

といった**勇気**（楽しんでる説もある）は、仕事ができる人にはあると聞きますし、**根性**なんかは今の時代にあんまり聞かないですけど、絶対必要だと思います。だって、「いつまでも仕事やりまっせ！」みたいな根性があれば、定時定刻で帰る人よりは、仕事が絶対多くできるから。

「長時間働くと、けっきょく効率が悪い」

ということも聞きますが、僕はそんなことないです。やれる人は徹底的にやったほうがいいと考えます。

ちょっと話がそれましたが、この勇気や根性って、子どもの頃から歩んできた人生で身につくことが多いと思うんです。これって取り返せないし、大人になってからよほどの経験をしないと、得られないものだと思います。

四六時中仕事のことを考え、上司にも「おまえは仕事ができるなー」と褒められる。「でも、あいつには勝てない！」と、とても立派なあなたがそう思うなら、それは子どもの頃から歩んできた道で得たものの違いではないでしょうか。

「そうじゃない」

と思うなら、もっと考えればいいし、

「そうかもしれない」

なら、それはそれで潔く承服すればいい。でも、絶対に人との差はある。まったく同じ結果を残したやつなんていない。世界中のプロボクサーが、

「俺はチャンピオンになる」

と言って、同じくらい努力をしている。それでも差がつく。世の中そんなもん。だからといって早い段階で「俺はこのへんかな」というのもアウト。とにかく頑張って考える。それしか

ない。
考えごとの答えを出す時は、概ね3つくらいの答えがあるとなおよいです。比較して新たな考えが生まれたりもするので……。

たとえるなら、UFO・ペヤング・一平ちゃん。

セーブポイント
（本筋とは関係のないひとり言）

泣き

泣くと、目から涙が出る。大泣きしてると、鼻水も出る。

もし、この出る順番が逆だったら、男性は女性の「泣き」にもう少し強くなれると思う。

[2 5]

Get Crazy

Tatsuro's 25 Ways of Thinking

バック グラウンド カラー

コウジたちが旅に出る1年前くらいの話。

執事「気をつけて行ってらっしゃいませ」

1人の男がとある用事で出かけようと、大きな荷物を持って外に出たところ、

「すいません、ドレミ様でお間違えないでしょうか？」

とその男に初老の男性が声をかけた。

「私はオム・エッグ・ライスという者でして、ガラガラタ王国の王の側近をやっているものです。もしよろしければ、ここに飾られているという『水の盾』を見せていただくことはできますでしょうか？」

そう言われた男であったが出かける間際だったために、長くなりそうだと一度断った。しかし、オム（長いので略す）は、長い時間をかけてここまで来たので、食い下がった。

オム「なんとかなりませんか。盾の作りや形などを見て、ぜひ、われわれも来《きた》るべき時のために作ってみたいんです」

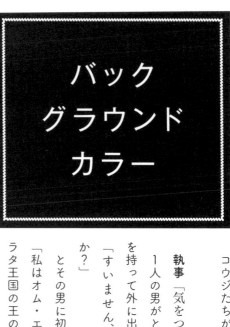

そう言われても知らんがな、と思いつつ男は、

「これを作る前に一度レプリカ（模造品）を何個か作っています。それを差し上げますので、それで今日はお引き取りいただいてよろしいですか？　あと苗字で呼ぶのやめてください」

オム「ありがとうございます。ドレミ様。ぜひそれを！」

男は一度屋敷に戻り、水の盾のレプリカをオムに手渡した。

男「レプリカとはいえ美しく、強固な盾ゆえ貴重です。私にもらったなど、他言無用でお願いします。あと苗字で呼ぶのやめてください」

と言い残し急いで出かけていった。

男の荷物にはいろいろなものが入っている。剣や盾も入っていれば、服も4着。パンツは6枚。書類、紙切れなどさまざまだ。長期で旅に出るつもりか。


まず、男がたどり着いたのは親友の家だ。家といっても彼は獣《けもの》に属するので、町から離れた野原に自分で家を造って住んでいる。

男「ナガーさん、久しぶりですねー。ちょっと今日はゆっくりできないのですが、これを渡したくて来ました」

と言って、荷物から大きな紙を出した。

男「これ、2人でお城を造る時に描いた設計図ですよ。僕が持っているとなくしそうなので、持っておいてください」

彼はうなずいて受け取った。なんせ獣なので話せない。聞くことはできる（学校の先生と一緒）。男はゆっくりできないと言いながら、久しぶりの親友との時間をしっかり堪能し（一方的にしゃべっていただけ。なんせ、相手は獣なもんで）、次の目的地に向かった。

「ここも久しぶりですね。この島は相変わらず道がややこしい」

と、男は大きなひとり言を言いながら、村に入っていった。

村人「ようこそ、パパパ村へ。ここにはナゾナゾオジサ……」

男「知ってます」

と言い、ナゾナゾオジサンの家に向かった（感じ悪い）。

男「おおお！　お久しぶりです」

ゾオジサン「おお！　ドレミファ！　久しぶりとは人によって感じ方が違うが、俺も久しぶりと思ってしまったよ。久しぶり」

男「元気にしてましたか⁉　あと苗字から名前まで中途半端に呼ぶの、やめてもらっていいですか？」

ゾオジサン「前回会ってから、ずっと元気かと言われるとそうじゃない日も当然あるし、今日ちょうど人生の中では元気な日ではあるから、結果的に今日元気であることは、これまでの生活の仕方が……」

男「あ、大丈夫です。とりあえず今日来たのは、これを持っておいてほしいのです」

と、小さな地図を手渡した。

男「これはこの村からわれわれの住んでいる大陸に行くための地図です。地図がないと、この大陸にある国に人が全然来なくて、国が栄えなくてかわいそうなんですよ。あなたと話して大丈夫そうなら、こちら側の国の人たちとも仲良くできると思って、あなたに渡したかったんです。適当な人がいたら、地図を渡してください」

ゾオジサン「おまえも歳を重ねて、人のことを考えるようになったな。人にかぎらず、この世界では獣も一緒に生活してるから、厳密には人という言い方は間違ってるけど」

と、10分で終わるような会話を4時間ほどし、男は村を出て帰路についた。

執事A「お帰りなさいませ」

執事B「今回はどのような旅で？」

男「親友と会ったり、外の国からアルーリュ国に行きやすいよう地図を人に渡してきたり、うちに残ってるよさそうな武器とかを商人の町にタダで置いてきました。魔法に強い『俺のパンツ』も2枚、置いてきました」

執事A「だからパンツを多めに持っていかれたのですね」

男「外にいる獣たちも町や城を襲うことはないけど、たまに歩いてる人を襲う時もあるからね。こういう武器とかは、やっぱり今の時代でも大事かなと……。とはいえ、君たちも獣系（笑）」

なんて会話をしているこの人たちの約2年後――。

執事A「最近、大きな町が海の向こうのどこかにできたみたいですよ」

男「タームラの町ですよね？　この前行ってきたら、格闘技大会みたいなのもやっていて、楽しかったですよ。スポンサーと景品を募集していたので、うちの秘蔵の『天才の剣』をお渡ししてきました」

執事B「あら、太っ腹。うちにはもう武器も防具もほとんどなくなりましたね。そういえば、蘇生の魔導書もアルーリュ国の本屋さんにあげたとおっしゃってましたね。もう何もない（笑）」

執事A「その前も、カジノの景品にたくさんの武器防具を寄贈されましたからね。たくさんの方がスポンサーの名前を見て、うちに訪ねてこられていますよ」

男「え、そうなんですか。会いたいですねー」

執事B「はい、お紅茶どうぞ」

執事A「出かけられることが多いから、なかなか会う機会もないですね。はい、こちらクッキーです」

と話をしていると、部屋の扉の向こう側で話し声が聞こえる。

「……けよう。そしてまぉ……大体……はなすから、はなしてる間……もち込もう」

執事A「あら、お客様じゃないですか」

男「え、ちょっと緊張しますね。座ろう……」

扉が開かれた。そこには４人の男たちがいた。

男「お‼　これはこれは。よく来てくれましたね！　ズズズッ……（甘っ！）」

とお気に入りのクッキーを口にした瞬間、

「聞いてられるかーーー‼」

と、そのうちの1人の男が斬りかかってきた！

（なんだなんだ！　お客様じゃない？　何か絶対勘違いしていることがあるはず。そんなに強くなさそうなので、ようすを見て……）

と思っていると、男を守ろうと執事Aが紅茶を載せていたトレンチを４人に投げた。執事B

は何も持ってないので体当たりをしている！　相手が何か会話している。何を話してる？

執事A「必ずファザン様をお守りしますよ！」

執事B「あの人たち（急に襲い掛かってきた4人）も、絶対に死なせたりしちゃダメですよ！」

各々が会話をしているようすをファザンは見守る。と、その時、最初に斬りかかってきた男が執事A・Bに斬りかかり、2人を瀕死に追い込んだ。

すかさず蘇生の呪文を唱え復活させたが、ファザンも我慢の限界。カマイタッチーの呪文を唱えた。

4人のうち3人は瀕死の状態となっているが、1人の男が、右手を上にまっすぐ挙げて、左手で右太ももをギュッとつかんだのを見てすかさず近くにあったどんな炎をも防ぐ「水の盾」で防御態勢に入った。

残った男の呪文をみごとに防ぎ切り、4人とも瀕死になったのですぐさま、執事A・Bに、

「トクチャンたち！　私が蘇生させるからすぐにもといた町に戻してやりなさい」

執事A・B「かしこまりました！」

と言って、呪文を使ってアルーリュ国に4人を戻した。

のちにファザンの記録にはこう書かれている。

あのあと、何度も何度もうちに来て、同じセリフをドアの向こうで言い、急に斬りかかってくるあの青年たちはいったい何だったのだろうか。さすがに毎日続くと、こちらもノイローゼになりそうであり、悔やまれるが、あの城に戻ることはもうない。よかれと思い過去に収集した武器や防具をたくさんの方々に無償で差し上げたが、「水の盾」に関しては、あの時にかぎって残しておいてよかったと心から思う。

――ドレミ・ファザン

……コウジたちよ

というプレイヤータダシがやっているゲームはこれがすべてですが、プレイヤータツロウがやっているゲームのファザンの記録には、こう書かれています。

あの時、ファザン様がいろいろな町に置いてきた武器や防具のほぼすべてを装備した4人が突然現れ、お礼を言いに来たかと思っていたら、急に襲われたファザン様。私の兄と姉も紅茶とクッキーをファザン様にお出ししていたため、一緒に襲われた。キッチンでようすを見ていた私は、足が震えて動けませんでした。私たちは何かしたでしょうか？　あのあと、皆が亡くなったことを知り合いに報告しようといろいろな町を訪れましたが、一切、以前と変わらず、町の外には獣たちもおります。私もどこかで彼らを倒すべく、旅の決意をしないといけないのでしょうか？

——トクチャンC

……こっちのコウジたちよ

言葉は平等に、心は平穏に、人生は平凡に

仕事をするうえで、細かい視点でいうと社内にライバルがいたり、大きく見ると競合他社がいたり、

「あいつに勝ちたい！」

みたいな存在がいます。勝つとか負けるとか、何をもってジャッジするのかはさておき、今このライバルよりは「やれてる」「売上が高い」みたいな部分は一つの目標点であり、モチベーションになります。

さて、この「勝ち方」みたいなものは業種によって、それぞれ細かい部分で違うものですが、「自分が成長する」ことは共通しています。大きくいうとこの本では、成長するために「考えよう」ということと、「どう考えているか」ということを伝えてます。もちろん、要所要所で「経験しよう」も言っていますが、経験したくてもできないことも多いから、「考える」ということは大事だよねということです。

企業の経営者やエグい金持ちの人がSNSなどでいう「これ大事」「たった一つ、これをや

っておけば」みたいなことを熱心に聞いて、自分のストックにするのではなく、

「なぜ、この結論にこの人たちは行き着いたのか？」

を「よく考える」ことが大事、ということです。ちなみに僕は、「この人しかこういう話をしてないなー」というような話は参考にしますが、利用することはほとんどないと思ってるタイプです。「ファッションの流行り始めは廃《すた》り始め」と、中学2年生くらいから言っている冷めたタイプでもある僕。

相変わらず話がそれましたが、

「なぜ、そういう考えにいたったか」

を考えて考えて、考えて答えを導き、

「こういう人たちが共通して言ってること、考えてることって何？」

を導き出せば「今弱者（未来勇者）」のわれわれは、賢人たちの少しの経験値をタダでもらうことができます。あーありがたや。よって、「何が大事か？」にたどり着きやすくなります。

共通して言っていることといえば、

「お客様第一」

「基本が大事」

「相手の立場を考えて」

などがありますね。全然、かっこよくないですね。

「マーケティングのみでライバルに勝つ」

「まずくても売る方法」

「5000円の水を売りまくった営業マンの話」

みたいなほうが策士っぽくていいですねぇ。人は聞き慣れない言葉のほうをめずらしく感じて、それを取り入れようとしたくなってしまう傾向があると思います（さっきのファッション理論）。だってそれを友だちとか同僚に言ったら、一目置かれる可能性あるor話のネタになるから。食事や飲み会なんかで、

「基本は大事だよ」

って言ってみても、ネタにならないもんね。でも、そこは平等な目で見てしっかり考えれば答えは出ます。「基本が大事」と「まずくても売る方法」が流行り廃りなく平等な立場だとしたら、「基本が大事」のほうを多くの経営者が言っている。じゃあ、こっちのほうが一般論としては正しい可能性が高い！とか。

初めて聞く言葉は新鮮に感じます。これは間違いない。でも古い聞き慣れた（飽きた）言葉か「腐ってるか」というと、そうではない。僕にももちろんあった「新しい世代の自分」というのは「古い＝オワコン」みたいな感覚があります。

「それ、古いよね」

って言うと、古いからダメみたいな認識ですが、「古くてどうなのか？」「新しかったらどうなのか？」と考える思考力を持ち、たくさんの人たちが出している答えの言葉を新鮮とか古いとか、かっこいいとか、かっこよくないとかで判断をせず、「言葉を平等にして」考えることが、何かしらの答えを導いてくれると僕は「考える」（今も考えてるので明日は違う答えかも）。

「考える」ことをずっと話していますが、考えることすら放棄する人で、ある程度財をなしている経営者ってどんなことをしてるかというと、ライバルを蹴落とすことをとにかく考えてますね（あ、考えごとしてた）。あと、自己保身。

この本でも言っている「嘘をつくやつ」でもあり、風評被害なんかも平然とやってたりなんかします。そういう人は当然、悪意もあるのでしょうが、悪意１００％というわけでなく、おそらく、「勝負なんだから」という自分が人生で得た価値観を持っているような気がして、最初は腹立たしいんですけれど、だんだんかわいそうになってきます。

何が言いたいかというと、ボクシングで（またボクシングかよと思わないで）、Ａが対戦するＸに試合前に内緒で毒を飲ませた。必死で練習してきたＸは試合中意識朦朧《もうろう》となり、ワンパンでＫＯされた。

また違う時間軸で、ＡとＸは互いに死ぬほど努力をして試合に挑んだ。接戦を繰り広げるが

Aは長いラウンドのすえ、XをKOで仕留めた。

いずれもXが負けているけど、今の万全な自分を作って負けた後者のほうのXは納得できるし、それを応援している仲間やファンも納得するはず。でも、前者のほうは「なんだかおかしい」「いつもと違う」と、ファンや家族も明らかに違和感に気づき、後々毒を飲まされていたことに気づく。証拠の提示はできない。俺はこんなことのためにボクシングをやってきたのかと自暴自棄になる。

いずれのAも、それ以降、莫大な財産を得て幸せな生活を送った。


というふうに、Aの人生は試合結果が一緒のため何も変わらないけど、Xは「納得のいく負け」「納得のいかない負け」があることで、人生が大きく変わります。Aはこの相手の背景などまったく見えてないわけで、相手の家族がどうとか、ファンがどうとかは一切気にしてない。あーかわいそうなやつ。

あなたが悪人であるなら、このAみたいな人生をやってみてもいいとは思います。でも、逆にあなただけでなく、周りの人たちまで巻き込む卑怯《ひきょう》な手を使われて「なんだかなー」ってなるなら、やっぱり「よく考えて成長する」のほうが簡単で誠実だと思います。

勝ちとか負けとかいってますけど、レースと一緒で「今先頭は○○、2番手に▲▲」というように「今」なので、「あと」がどうなってるか、「さらにそのあと」がどうなっているか、それぞれのゴールはどこなのかなど、さまざまですから、あなたが本当に仕事や何かで成果を出したいのであれば、けっきょくのところまずは、あなたが走っているかどうかだけでいいと「考えます」。

セーブポイント
（本筋とは関係のないひとり言）

クリアデータの引き継ぎ

「もう一度生まれ変わるとしたら？」

と言われても、どんな時代に生きるかもわからんし。

ワンチャン、顔の流行りが今の俺の顔ならもう１回俺！

とはいえ、人生一度きり。

あとがきラクガキ殴り書き

僕が6歳（小学校1年生）の頃、さまざまな事情により、姉とほぼ2人で生活するという事態が起きました。つらい期間だったため、けっこう記憶が飛んでます。どれくらいの期間だったかなんて覚えていません。ただ、姉が強く生きられる人（実際そうではないと思うが、そう見えた）だったから、僕はそこで**「生きる強さ」**を身につけました。これには生涯、感謝しています。

しばらくしてなぜだか、父親と愛人、その愛人の子ども3人と僕ひとりが同居することになりました。愛人の子ども3人は当然僕が邪魔なので、疎外、いじめを頻繁に行います。父親は夜になると遊びに行き、愛人は夜の仕事へ行くので、夜になるといじめ放題です。真冬にボコボコにされたうえ、素っ裸で外に放り出されて鍵を閉められたこともありました。小学生の時にですよ？　そういう生活をしていると、今彼らは何を考えているか？ご機嫌よくするためにはどうすればよいか？など、**「人をよく観察する」**という能力を僕は身につけました。これには、生涯の怨念と感謝を感じています（笑）。

このように「天性」はさまざまで、同じ努力や行動をしても精神状態や思考は、人それぞれどうしても違うので、結果なんて全然変わってきます。結果に対して「なんで私だけ……」と思う人は一度人生を紐解き、自分のもっている「天性」を探ってみてはどうでしょうか。それを見つけるだけで、「自分に合う武器＝**考え方**」が見えてくるのかな？と思います。

「序」に書いてある「９という数字にたどり着くための計算式」が考え方の基本となるわけですが、世に散らかっている「成功の法則」が「３×３」だったとします。あなたは掛け算ができないのに、その成功者が言う法則「９にするには３×３だ！」を自分のものにしようとします。これをまったく同じ意味合いで言いかえると、「魔法使いの君も、斧を持って戦え」と言われているに等しいと考えます。

物語に登場した盗賊カンダタは魔法使いなのに斧を持つというスタンスであったため、コウジの仲間のひとりに打ち負かされたわけですね。

つまりは「斧を持て」と言われても、「さて、それは自分に合うのかどうか？」「今はまだ早いのではないか？」「そもそも性格に合ってないのではないか？」などというように、「考える」ということが大事ですよっていうことです。

その「考える」という行為はどの程度まで考えればいいか？という点について、「僕レベルではこれくらい考えます」ということがこの本には記されていると認識してもらえればいいのかと思います。

考えごとって1日に100個くらい考えて、社会で役に立つのは0・01%くらいかもしれないですけど、100日考えごとをすれば、それは1万個になり、1個すごいものが生まれるかもしれないのです。それをみなさんは、どれくらいしているのか？と疑問に思うことがあります。

会話をしている際に、「頭の回転が速いですね」ってよく言われますが、それは頭がいいということではなく、日々考えごとをたくさんしているから引き出しにストックがいっぱいあるだけです。

「ためになる考えごと」はしなくてよくて、「1万個の無駄な考えごとのなかから、1個のダイヤモンドを見つけよう」くらいの考えごとなので、自分は無能だと思っている人でも必ずできることだと思ってます。あなたが最短距離でカリスマを目指しているなら、この本は完全に不要で、たまたま自分に合った武器を見つけ、たまたま自分に合った防具を纏《まと》って、たまたまカリスマになって、たまたま思うままになってる人生でもいいとも思います。

何が正解かは自分で決めればいい。でも、それを人には押しつけないほうがいい。

ありがたいことにプライベートを大事にする時代ゆえ、時間外労働をしない人たちが増えています。みなさんがプライベートを充実させている間に、僕は変わらず仕事をしていたりします。ウサギと亀の理論は時代的に合わないですが、実態としては「早歩きの亀」は、きっとめちゃくちゃ強いと思ってます。これも人に押しつけるものではない僕の「考え方」。人それぞれ、「見合った考え方」で人生を歩めばいいと思ってます。

この本をまとめますと、「考えるのはタダなんだから、いっぱい考えごとしようぜ」という、本当は1行で終わる本でした。

本書は……、

- **「早歩きの亀」に理解を示してくれる最愛の家族**
- **こういう感覚の人間にしてくれた青春時代の友人や現在の仲間**
- **よき感覚を吸収できるよう育ててくれた姉や両親**
- **愛すべき人から愛される人に生んでくれた母親**

によって作られております。

2023年1月

山田辰郎

〈著者略歴〉
山田辰郎（やまだ　たつろう）
株式会社ディストノア代表取締役
1978年、京都府出身。2004年にライブ配信サービスを開始するにあたり、現在の母体となる有限会社ディストノアを創設。ホームページの企画・作成・コンサルティング、動画コンテンツへのサービス提供を軸に不動産業、飲食業まで多角的に手がけている。
2010年、ヒロト君の叔父になる。

株式会社ディストノア　https://www.distnoah.jp/

Twitter
TatsuroYamada

TikTok
10人中１人わかってほしい小言

魔法使いが斧を持ち、君がカリスマをもつということ
——君だけの思考法をＲＰＧで考える

2023年２月16日　第１版第１刷発行

著　者　山田辰郎
発　行　株式会社ＰＨＰエディターズ・グループ
〒135-0061　東京都江東区豊洲5-6-52
☎03-6204-2931
http://www.peg.co.jp/
印　刷
製　本　シノナ印刷株式会社

ISBN978-4-910739-20-5